# 日知録卷之二十六

## 重黎

左傳蔡墨對魏獻子言少皞氏有四叔曰重曰該曰修曰熙使重為句芒該為蓐收修及熙為玄冥顓頊氏有子曰犂為祝融犂即黎字異文是重黎為二人一出於少皞一出於顓頊而史記楚世家則曰帝顓頊高陽者黄帝之孫昌意之子也高陽生稱稱生卷章卷章生重黎太史公自序則曰重黎氏世序天地其在周程伯休甫其後也晉書宣帝紀其先出自帝高陽之子重黎為夏官祝融宋書載晉尚書令衛瓘尚書左僕射山濤右僕射魏舒尚書劉寔司空張華等奏乃云大晉之德始自重黎實佐顓頊至於

夏商世序天地其在于周不失其序似以重黎為一人不容一代乃有兩祖亦昔入相沿之謬劉昭後漢天文志曰司馬遷以世黎氏之後為太史令則已覺其謬矣索隱引劉氏曰少昊氏之後曰重顓頊氏之後曰重黎對彼重則單稱黎若自言當家則稱重黎楚及司馬氏皆重黎之後非關少昊之重此順非而曲為之說

巫咸

古之聖人或上而為君或下而為相其知周乎萬物而道濟天下固非後人之所能測也而傳者猥以一節槩之黃帝古聖人也而後人以為醫師伯益古賢臣也而世有百蟲將軍之號以彼事蹟章章在經籍者且猶如此若乃堯之臣名羿而有窮之君亦名羿堯之典樂名夔而木石之怪亦為夔湯居亳而亳戎之國亦名湯夫苟以其名而疑

之則道德之用徽而謬悠之説作若巫咸者可異焉書君奭篇在太戊時則有若伊陟臣扈格于上帝巫咸乂王家在祖乙時則有若巫賢（孔安國傳賢咸子巫氏史記殷本紀帝祖乙立殷復興巫咸任職咸當為賢字之誤）書序伊陟相大戊亳有祥桑穀共生于朝伊陟贊于巫咸作咸乂四篇孔安國傳曰巫咸臣名馬融曰巫男巫也名咸殷之巫也孔穎達正義曰君奭傳曰巫氏也當以巫為氏名咸鄭玄云巫咸謂之巫官按君奭咸子巫賢父子並為大臣必不世作巫官故孔言巫氏是也則巫咸之為商賢相明矣史記正義謂巫咸及子賢冢皆在蘇州常熟縣西海隅山上蓋二子本吴人云越絶書云虞山者巫咸之所出也是未可知而後之言天官者宗焉言卜筮

者宗焉言巫鬼者宗爲言天官則史記天官書所云昔之傳天數者高辛之前重黎於唐虞羲和有夏昆吾殷商巫咸者也言卜筮則呂氏春秋所謂巫彭作醫巫咸作筮者也周禮簭人九簭之名一曰巫更二曰巫咸三曰巫式四曰巫目五曰巫易六曰巫比七曰巫祠八曰巫參九曰巫環鄭玄注九巫皆當讀爲筮字之誤也言巫鬼則莊子所云巫咸祒曰来楚辭離騷所云巫咸將夕降兮懷椒糈而要之史記封禪書所云巫咸之興自此始索隱曰孔安國尚書傳云巫咸臣名令云巫咸之興自此始則以巫咸爲巫覡然楚辭亦以巫咸主神蓋太史公以巫咸是殷臣以巫接神事大戊使禳桑穀之災故云然許氏說文所云巫咸初作巫又其死而爲神則秦詛楚文所云不顯大神巫咸者也封禪書制巫祠堂下巫先司命施糜之屬索隱曰巫先謂古巫之先有靈者蓋巫咸之類也而又或以巫咸爲黃帝時人歸藏言黃帝將

戰筮于巫咸是也以為帝堯時人郭璞巫咸山賦序地理志曰
巫咸山在安邑縣東水經注鹽水出東南薄山西北流逕咸山北言巫咸以鴻術為帝堯
醫是也以為春秋時人莊子言鄭有神巫曰季咸列子言
神巫季咸自齊來處于鄭是也枚乘七發扁鵲治內巫咸治外文選呂向注扁鵲巫
咸皆鄭人按列子莊子皆言鄭有神巫曰季咸而扁鵲則鄭人字形相混亦以為鄭也至山海經
海外西經言巫咸國在女丑北右手操青蛇左手操赤蛇
在登葆山羣巫所從上下也註採藥往來天荒西經言大荒之
中有山名曰豐沮玉門日月所入有靈山巫咸巫即巫朌
巫彭巫姑巫真巫禮巫抵巫謝巫羅十巫從此升降百藥
爰在註羣巫上下此山採之也淮南子地形訓言軒轅丘在西方巫咸
在其北方則益荒誕不可稽而知古賢之名為後人所假

託者多矣

河伯

竹書帝芬十六年雒伯用與河伯馮夷鬬帝泄十六年殷侯微（上甲微也）以河伯之師伐有易殺其君綿臣是河伯者國居河上而命之為伯如文王之為西伯而馮夷者其名爾楚辭九歌以河伯次東君之後則以河伯為神天問胡羿射夫河伯而妻彼雒嬪王逸章句以射為實以妻為夢其解遠遊令海若舞馮夷則曰馮夷水仙人也是河伯馮夷皆水神矣穆天子傳至于陽紆之山河伯無夷之所都居（註無夷馮夷也山海經云冰夷）山海經中從（一作）極之淵深三百仞唯冰夷恒都焉冰夷人面乘兩龍郭璞註冰夷馮夷也即河伯也

郭璞江賦冰夷倚浪以傲睨 莊子馮夷得之以游大川司馬喜註引清泠傳曰馮夷華陰潼鄉隄首里人也服八石得道為水仙是為河伯是以馮夷死而為神其説怪矣龍魚河圖曰河伯姓呂名公子夫人姓馮名夷以馮夷為河伯之妻更怪楚辭九歌有河伯而馮夷屬海若之下亦若以為兩人大抵所傳各異而謂河神有夫人者亦秦人以君主妻河鄴巫為河伯娶婦之類耳 淮南子馮夷大丙之御註二人古之得道能御陰陽者

魏書高句麗先祖朱蒙朱蒙母河伯女為夫餘王妻朱蒙自称為河伯外孫則河伯又有女有外孫矣

真誥昔有一人旦旦詣河邊拜河水如此十年河侯河伯遂與相見予白璧十雙教以水行不溺法註曰河侯河伯

故當是兩人邪

湘君

楚辭湘君湘夫人亦謂湘水之神有后有夫人也初不言舜之二妃王逸章句始以湘君為水神湘夫人為二妃記曰舜葬于蒼梧之野蓋三妃未之從也山海經洞庭之山帝之二女居之郭璞註曰天帝之二女而處江為神即列仙傳江妃二女也九歌所謂湘夫人稱帝子者是也而河圖玉版曰湘夫人者帝堯女也秦始皇浮江至湘山逢大風而問博士湘君何神博士曰聞之堯二女舜妃也死而葬此列女傳曰二女死于江湘之間俗謂之湘君鄭司農亦以舜妃為湘君說者皆以舜陟方而死二妃從之俱溺死于湘江遂號為湘

夫人按九歌湘君湘夫人自是二神江湘之有夫人猶河雒之有虙妃也此之謂靈與天地竝安得謂之堯女且既謂之堯女安得復總云湘君哉何以考之禮記云舜葬蒼梧二妃不從明二妃生不從征死不從葬且傳曰生為上公死為貴神禮五嶽比三公四瀆比諸侯今湘川不及四瀆無秩于命祀而二女帝者之後配靈神祇無緣復下降小水而為夫人也原其致謬之由繇乎俱以帝女為名名實相亂莫矯其失習非勝是終古不悟可悲矣此辯甚正又按遠遊之文上曰二女御九招歌下曰湘靈鼓瑟是則二女與湘靈固判然為二即屈子之作可證其非舜妃矣後之文人附會其說以資諧諷其瀆神而慢聖也不亦甚

乎

禹崩會稽故山有禹廟而水經註言廟有聖姑禮樂緯云禹治水畢天賜神女聖姑夫舜之湘妃猶禹之聖姑也

甚矣人之好言色也太白星也而有妻甘氏星經曰太白上公妻曰女媊女媊居南斗食厲天下祭之曰明星河伯水神也而有妻龍魚河圖曰河伯姓呂名公子夫人姓馮名夷常儀古占月之官也而淮南子以為羿妻竊藥而奔月名曰嫦娥霜露之所為冰雪之所凝也而淮南子云青女乃出以降霜雪高誘註天神青腰玉女巫山神女宋玉之寓言也而水經註以為天帝之季女名曰瑶姬李善高唐賦註引襄陽耆舊傳曰赤帝女姚姬未行而卒葬于巫山之陽雒水宓妃陳思王之寄興也而如淳以

為伏羲氏之女漢書音義伏羲氏之女溺雒水為神嵞山啟母天問之襍說也後人附以少姨以為啟母之妹今少室山有阿姨神而武后至封之為玉京夫人金闕夫人青溪小姑為蔣子文之第三妹則見于楊烱之碑楊烱少姨廟碑曰蔣侯三妹青溪之軌跡可尋并州妬女為介子推之妹則見于李諲之詩見下小孤山之訛為小姑也歐陽公歸田錄杜拾遺之訛為十姨也黃氏日抄是皆湘君夫人之類而九歌之篇遠遊之賦且為後世迷惑男女瀆亂神人之祖也或曰易以坤為婦道而漢書有媼神之文郊祀歌媼神蕃釐張晏曰媼者老母之稱坤為母故称媼於是山川之主必以婦人以象之非所以隆國典而昭民敬也已

金元好問承天鎮懸泉詩註曰平定土俗傳介子推被焚

其妹介山氏耻兄要君積薪自焚號曰妬女祠唐書高宗調露元年九月辛并州道出妬女祠其碑大暦中判官李諲撰辭旨殊謬至有百日積薪一日燒之之語鄉社至今以百五日積薪而焚之謂之癸妬女其詩有曰神祠水之滸儀衛盛官府頗怪祠前碑稽考失莽鹵吾聞允格臺駘宣汾洮障大澤自是坐有自來歸有所假而而即如字自經溝瀆便可尸祝之祀典紛紛果何取子胥皷浪怒未洩精衛啣薪心獨苦楚臣百問天不酬肯以誕幻虛荒驚聾瞽自有宇宙有此水此水綿綿流萬古人言主者介山氏且道未有介山之前復誰主山深地古自是有神物不假靈真誰敢侮稗官小說出閭巷社鼓村簫走翁嫗當時大暦 十才子爭遣李諲悉陋語

此是千古正論杜氏通典汾陰后土祠為婦人塐像武太后時移河西梁山神塐像就祠中配焉開元十一年有司遷梁山神像于祠外之別室夫人以山川之神而人為之配合其瀆亂不經尤甚矣張南軒集言舜廟中有武后像即日投之江中

泰山頂碧霞元君宋真宗所封世人多以為泰山之女後之文人知其說之不經而撰為黃帝遣玉女之事以附會之不知當日所以褒封固真以為泰山之女也今考封號雖自宋時而泰山女之說則晉時已有之張華博物志文王以太公為灌壇令期年風不鳴條文王夢見有一婦人當道而哭問其故曰我東海泰山神女嫁為西海婦欲東歸灌壇令當吾道太公有德吾不敢以暴風疾雨過也文

此封神演義之由來也

王夢覺明日召太公三日三夕果有疾風驟雨自西來也文王乃拜太公為大司馬此一事也干寶搜神記後漢胡毋班嘗至泰山側為泰山府君所召令致書于女壻河伯云至河中流扣舟呼青衣當自有取　者果得達復為河伯致意府君此二事也魏尚書句麗傳朱蒙告水曰我是日子河伯外孫　列異傳記蔡支事天以天帝為泰山神之外孫自漢以來不明乎天神地祇人鬼之別一以人道事之于是封嶽神為王則立寢殿為王夫人有夫人則有女而女有壻又有外孫矣唐宋之時但言靈應即加封號不如今之君子必求其人以實之也

又考泰山不惟有女亦又有兒魏書段承根傳父暉師事

歐陽湯有一童子與暉同志後二年辭歸從暉請馬暉戲作木馬與之童子甚悅謝暉曰吾泰山府君子奉勅游學今將歸損子厚贈無以報德子後至常伯封侯言訖乘馬騰虛而去集異記言貞元初李納病篤遣押衙王祐禱岱嶽遥見山上有四五人衣碧汗衫半臂路人止祐下車言此三郎子七郎子也文獻通考後唐長興三年詔以泰山三郎為威雄將軍宋大中祥符元年十月封禪畢親幸加封炳靈公夫封其子為將軍為公則封其女為君止一時之事爾

又考管子對桓公曰東海之子類于龜不知何語而房玄齡註則以為海神之子又元劉遵魯漢臯記曰廟中神妃

相傳為東海廣德王第七女夫海有女則山亦有女曷足怪乎

## 共和

史記周本紀厲王出奔于彘厲王太子靜匿召公之家周公召公二相行政號曰共和共和十四年厲王死于彘二相乃共立太子靜為王以二相為共和非也汲冢紀年厲王十二年出奔彘十三年共伯和攝行天子事號曰共和漢書古今人表有共伯和師古曰共國伯爵和其名二十六年王陟于彘周定公召穆公立太子靖為王共伯和歸其國此即左氏王子朝所謂諸侯釋位以間王位者也但其言共伯歸國者未合古昔無天子之世朝覲訟獄必有所歸呂氏春秋言共伯和

修其行好賢仁周厲之難天子曠絶而天下皆未請矣按此則天下朝乎共伯非共伯至周而攝行天子事也共伯不以有天下爲心而周公召公亦未嘗奉周之社稷而屬之他人故周人無易姓之嫌共伯無僭王之議莊子曰許由娛于潁陽而共伯得乎共首共首今之共山亦謂之共頭荀子武王伐紂至共頭而山隧呂氏春秋武王使召公就微子開于共頭之下而與之盟蓋其東道以終得全神養性之術者矣畢拱辰曰按金氏通鑑前編厲王三十七年出奔彘五十一年崩于彘其紀年亦與竹書不合

左傳鄭太和出奔共註共國今汲郡共縣史記春申君傳通韓上黨于共甯使道安成出入賦之田敬仲完世家王建降秦秦遷之共餓死齊人歌之曰松耶栢耶住建共者

此共音恭

容耶漢書功臣表有共莊侯盧罷師唐書地理志衛州共城縣武德元年置共州即今衛輝府輝縣詩序柏舟共姜自誓也衛世子共伯蚤死其妻守義父母欲奪而嫁之誓而弗許故作今是詩以絶之此別一共伯共者謚也非共國之共也輝縣有共姜臺後人之附會也

介子推

介子推事見於左傳則曰晉侯求之不獲以綿上為之田曰以志吾過且旌善人呂氏春秋則曰負釜蓋簦終身不見二書去當時未遠為得其實然之推亦未久而死故以田祿其子爾史記之言稍異亦不過曰使人召之則亡聞其入綿上山中于是環綿上山中而封之以為介推田號曰介山而已立枯之說始自屈原燔死之說始自莊子容齋

莊子書寓言也蓋以為實則所謬多矣

三筆以為始自劉向新序非也楚辭九章惜往日介子忠而立枯兮文公寤而追求封介山而為之禁兮報大德之優游思久故之親身兮因縞素而哭之莊子則曰介子推至忠也自割其股以食文公文公後背之子推怒而去抱木而燔死盜蹠篇東方朔七諫丙吉傳長安士伍尊書劉向說苑新序因之水經註引王肅喪服要記桂樹之問亦辨以為誣於是瑰奇之行彰而廉靖之心沒矣今當以左氏為據割股燔山理之所無皆不可信

魏武帝令曰聞太原上黨西河雁門冬至後百五日皆絕火寒食云為介子推且北方沍寒之地老少羸弱將有不堪之患令到人不得寒食若犯者家長半歲刑主吏百日刑令長奪一月俸後魏高祖太和二十年二月癸丑詔介

山之邑聽為寒食自餘禁斷

冊府元龜龍星木之精也春見東方心為火之盛故為之禁火俗傳介子推以是日被焚禁火

路史燧人改火令曰順天者存逆天者亡是必然之理也昔者燧人氏作觀乾象察辰星而出火作鑽燧別五木以改火豈惟惠民哉以順天也四時五變榆柳青故春取之棗杏赤故夏取之桑柘黃故季夏取之柞楢白故秋取之槐檀黑故冬取之皆因其性故可救時疾予嘗考之心者天之大火而辰戌者火之二墓是以季春心昏見于辰而出火季秋心昏見於戌而納之卯為心之明堂至是而火大壯是以仲春禁火戒其盛也周官每歲仲春命司烜氏以木鐸修火禁于國中為季春將出火而司爟掌行火之政令

四時變國火以救時疾季春出火季秋内火民咸從之時則施火令凡國失火野焚萊則隨之以刑罰夫然故天地順而四時成氣不愆伏國無疵癘而民以寧鄭以三月鑄刑書而士文伯以為必災六月而鄭火蓋火未出而作火宜不免也今之所謂寒食一百五者熟食斷煙謂之龍忌蓋本乎此司烜仲春以木鐸修火禁因火出而警之仲秋火入則不警宫正春秋以木鐸修火禁宫禁尚嚴也而周舉之書魏武之令與夫汝南先賢傳陸翽鄴中記等皆以為為介子推謂子推以三月三日燔死而後世為之禁火吁何妄邪是何異于言子胥溺死而海神為之朝夕者乎予初賦潮知其妄說而或者謂昔人言潮無出子胥前者因為舉書朝宗之語而齊景嘗欲遵海觀朝儛矣且屈原云聽潮水之相擊而易亦有行險不失信之言自有天地即有其潮豈必見紙上而後信哉子胥諜

于吴江適有祠廟當潮頭不知丹徒南恩等潮且復為誰潮邪予觀左氏史遷之書曷嘗有子推被焚之事況以清明寒食初靡定日而琴操所記子推之死乃五月五非三日也古人以三月上巳祓禊以清明前三日寒食初無定日後世既已一之而又指為三月之三妟矣周舉傳云每冬中輙一月寒食以子推焚骸神靈不樂舉火然則介子又將以冬中亡矣非可信也夫火神物也其功用亦大矣昔隋王劭嘗以先王有鑽燧改火之義於是表請變火曰古者周官四時變火以救時疾明火不變則時疾必興聖人作法豈徒然哉在晉時有人以雒陽火渡江世世事之相續不滅火色變青昔師曠食飯云是勞薪所爨晉平公使視之果然車輞今温酒炙肉用石炭火木炭火竹火草火麻荄火氣味各自不同以此推之新火舊火理應有異伏願遠遵先

聖于五時取五木以變火用功甚少救益方大夫火惡陳薪惡勞晉代荀勗進飯亦知薪勞而隋文帝所見江寧寺晉長明鐙亦復青而不熱傳記有以巴豆木入爨者爰得泄利而糞臭之草炊者率致味惡然則火之不改其不疾者鮮矣必以是益知聖人之所以改火修火正四時五變者豈故為是煩文害俗得已而不已哉東晉初有王離妻李將河南火渡江云受于祖毋王有遺書二十卷臨終戒勿絕火遂常種之傳二百年火色如血謂之聖火宋齊之間李嫗年九十餘以火治病多愈嫗死入為葬之號聖火家每陰兩見火出家門今號其處為聖火巷金陵故事云禪衆寺前直南小巷也傳不云乎違天必有大咎先漢武帝猶置別火令丞典司燧事漢書大鴻臚有別火令丞後世乃廢之邪方石勒之居鄴也於是不禁寒食而建德殿震及端門襄國西門雹起西河介

山大如雞子平地三尺洿下丈餘入龠死以萬數千里摧
折秋稼蕩然夫五行之變如是而不知者亦以為為予推也
雖然晉魏之俗尤所重昔辰為商星實祀大火而汾晉參
墟參辰錯行不毗和所致

## 杞梁妻

春秋傳齊侯襲莒杞梁死焉齊侯歸遇杞梁之妻于郊使弔
之辭曰殖之有罪何辱命焉若免于罪猶有先人之敝廬
在下妾不得與郊弔齊侯弔諸其室左氏之文不過如此
而已檀弓則曰其妻迎其柩于路而哭之哀孟子則曰華
周杞梁之妻善哭其夫而變國俗言哭者始自二書說苑
則曰杞梁華舟進鬬殺二十七人而死其妻聞之而哭

城為之阤而隅為之崩列女傳則曰杞梁之妻無子内外皆無五屬之親既無所歸乃枕其夫之屍于城下而哭道路過者莫不為之揮涕十日而城為之崩言崩城昔始自二書而列女傳上文亦載左氏之言夫既有先入敝廬何至枕屍城下且莊公既能遣弔豈至暴骨溝中崩城之云未足為信且其崩者城耳未云長城長城築于威王之時去莊公百有餘年竹書紀年梁惠成王二十年齊閔王築防以為長城按魏惠王二十年乃齊威王之二十七年非閔王而齊之長城又非秦始皇所築之長城也後人相傳乃謂秦築長城有范郎之妻孟姜送寒衣至城下聞夫死一哭而長城為之崩則又非杞梁妻事矣夫范郎者何人哉使秦時別有此事何其相類若此唐僧貫休乃

據以作詩云築人築土一萬里杞梁貞婦啼嗚〻則竟以以杞梁爲秦時築城之人似并左傳孟子而未讀者矣古詩誰能爲此曲無乃杞梁妻崔豹古今注樂府杞梁妻者杞殖妻妹朝日所作也殖戰死妻曰上則無父中則無夫下則無子人生之苦至矣乃抗聲長哭杞都城感之而頹遂投水死其妹悲姊之貞操乃作歌名曰杞梁妻焉梁殖字也按此則又云杞之都城春秋杞成公遷于緣陵今昌樂縣文公又遷于淳于今安丘縣其時杞地當已入齊要之非秦之長城也

池魚

東魏杜弼檄梁文曰楚國亡猨禍延林木城門失火殃及

此說自通何必多翻

池魚後人每用此事清波雜志云不知所出以意推之當是城門失火以池水救之池竭而魚死耳廣韻古有池仲魚者城門失火仲魚燒死故諺云城門失火殃及池魚據此則池魚是人姓名風俗通記有此說按淮南子云楚王亡其猿而林木為之殘宋君亡其珠池中魚為之殫故澤失火而林憂則失火與池魚自是兩事後人誤合為一耳

考池魚事本于呂氏春秋必已篇曰宋桓司馬有寶珠抵罪出亡王使人問珠之所在曰投之池中于是竭池而求之無得魚死焉此言禍福之相及也此後人用池魚事之祖祖君彥為李密檄文曰燕巢衛幕魚游宋池

莊安

漢書五行志嚴公二十年師古曰嚴公謂莊公也避明帝諱改曰嚴凡漢書載謚姓為嚴者皆類此是則嚴姓本當作莊今考史記有莊生莊賈莊豹樗里子傳莊舄莊助莊忌莊青翟莊熊羆莊參莊蹻莊芷淮南王安傳而獨有嚴君疾樗里子傳秦封樗里子號為嚴君封蜀郡嚴道縣因號嚴君疾名也正義曰蓋嚴仲子嚴安鄧伯羔謂安自姓嚴胡身之通鑑嚴延年註曰此嚴非莊助然漢之嚴自是一姓戰國時有濮陽嚴仲子然漢書藝文志曰主父偃二十八篇徐樂一篇莊安一篇是安本姓莊非嚴也嚴君平亦姓莊揚子法言蜀莊沈冥是也嚴尤本姓莊非嚴也光武紀注引桓譚新論曰莊尤字伯石避明帝諱改之又改莊周為嚴周漢書王貢兩龔鮑傳老子嚴周序傳貴老嚴之術改楚之莊生為嚴先生古今

人表嚴先生師古曰即殺陶朱公兒者也王褒洞簫賦師襃蔵春不敢竄其巧李善註七畧有莊春言琴王莽傳有務嚴春非此漢書之稱莊安班氏所未及改也史記之稱嚴安後人所追改也

藝文志常侍郎莊怱奇賦十一篇嚴助賦三十五篇師古曰上言莊怱奇下言嚴助史駁文嚴助傳作嚴蔥奇

李廣射石

今永平府盧龍縣南有李廣射虎石廣為右北平太守而此地為遼西郡之肥如其謬不辨自明水經註言右北平西北百三十里有無終城亦非也考右北平郡前漢治平剛後漢治土垠酈氏所引魏氏土地記曰薊城東北三百里

有右北平城此後漢所治之土垠而平剛則在盧龍塞之東北三四百里乃武帝時郡治李廣所守今之塞外其不不在土垠明矣又考西京雜記述此事則云獵于冥山之陽莊子言南行者至于郢北面而不見冥山司馬彪註冥山北海山名是廣之出獵乃冥山而非近郡之山也新序曰楚熊渠子夜行見寢石以為伏虎關弓射之滅矢飲羽下視乃石也卻復射之矢摧無迹韓詩外傳張華博物志亦同是射石者又熊渠而非李廣也呂氏春秋作養由基王充論衡同黃氏日抄曰此事每載不同要皆野人相傳之妄言耳即使二事偶同而太史公所述本無其地今必欲指一拳石以當之不已惑乎

後周書李遠傳嘗校獵于莎柵見石于叢薄中以為伏兔

有此一事為楚將熊渠李廣
二子相因而皆善神能飛羽
之理也

或云山姓也二人乃淮南之
客各著二篇二人所著因以名
之

射之鏃入寸餘就而視之乃石也太祖聞而異之賜書曰
昔李將軍親有此事公今復爾可謂世載其德雖熊渠之
名不能獨羨其美李廣熊渠二事併用

大小山

王逸楚辭章句言淮南王安博雅好古招懷天下俊偉之
士著作篇章分造辭賦以類相從故或稱小山或稱大山
其義猶詩有大雅小雅也梁昭明太子十二月啟乃曰桂
吐花于小山之上梨翻葉于大谷之中庾肩吾詩梨紅大
谷晚桂白小山秋庾信枯樹賦小山則叢桂留人扶風則
長松繫馬是以山為山谷之山失其旨矣
梁書何胤二兄求點並棲遯求先卒至是胤又隱世號點

為天山亂為小山

丁外人

丁外人非名言是蓋主之外夫也猶言齊悼惠王肥高帝外婦之子也史記齊悼惠王肥高祖長庶男也其母外婦也曰曹氏服虔曰外人主之所幸也然王子侯表有山原孝侯外人齊孝王五世孫桑丘侯外人中山靖王曾孫則是姓劉而名外人不知何所取義

毛延壽

西京雜記曰元帝後宮既多不得常見乃使畫工圖形案圖召幸之諸宮皆賂畫工多者十萬少者亦不减五萬獨王嬙不肯遂不得見匈奴入朝求美人為閼氏於是上

案圖以昭君行及去召見貌為後宮第一善應對舉止閑雅帝悔之而名籍已定帝重信於外國故不復更人乃窮案其事畫工皆弃市籍其家貲皆巨萬畫工有杜陵毛延壽為人形醜好老少必得其真安陵陳敞新豐劉白龔寬並工為牛馬飛鳥衆勢人形醜好不逮延壽下杜陽望亦善畫尤善布色樊育亦善布色同日棄市京師畫工於是差稀據此則畫工之圖後宮乃平日而非匈奴求美人時且毛延壽亦衆中之一人又其得罪以受賂而不特以昭君也後來詩人謂匈奴求美人乃使畫工圖形而又但指毛延壽一人且没其受賄事失之矣

名以同事而晦

呂氏春秋言秦穆公興師以襲鄭過周而東鄭賈人弦高奚施將西市于周遽使奚施歸告乃矯鄭伯之命以十二牛勞師是奚施爲弦高之友淮南子作蹇他而左氏傳不載淮南子言荊軻西刺秦王高漸離宋意爲擊筑而歌于易水之上宋玉笛賦亦以荊卿宋意並稱水經註漸離擊筑宋如意和之是宋意爲高漸離之侶而戰國策史記不載

戰國策東孟之會聶政陽堅刺相兼君註云堅政之副猶秦舞陽按聶政告嚴仲子曰其勢不可以多人未必有副

淮南子註秦皇帝二十六年初兼天下有長人見於臨洮其高五丈足迹六尺放寫其形鑄金人以象之翁仲君何是也今人但言翁仲不言君何

名以同事而章

孟子禹稷當平世三過其門而不入考之書曰啟呱呱而泣予弗子此禹事也而稷亦因之以受名華周杞梁之妻善哭其夫而變國俗考之列女傳曰哭于城下七日而城為之崩此杞梁妻事也而華周妻亦因之以受名左傳但言獲杞梁不言獲華周

人以相類而誤

墨子文王舉閎夭泰顛于罝網之中授之政而西土服於傳未有此事必太公之誤也呂氏春秋箕子窮于商范蠡窮于江范蠡未嘗流江必伍員之誤也史記孫叔敖三得相而不喜三去相而不悔孫叔敖未聞去相必令尹子文

之誤也淮南子吳起張儀車裂支解張儀未嘗車裂必蘓
秦之誤也易林貞良得願微子解囚微子未嘗被囚必箕
子之誤也晉潘岳太宰魯武公誄秦亡蹇叔舂者不相蹇
叔之亡不見于書必百里奚之誤也呂氏春秋蹇叔有子曰申與視詳申白乙
丙也視孟明視也皆蹇叔子也按孟明視百里奚之子後魏穆子容之公呂望碑文
大魏東苞碣石西跨流沙南極班超之柱北窮竇憲之誌
班超未嘗南征必馬援之誤也後周庾信擬詠懷詩麟窮
季氏罝虎振周王圍季氏未嘗獲麟必叔孫之誤也
晉書夏統傳子路見夏南憤恚而慷慨子路未嘗見夏南
蓋衛南子之誤

傳記不考世代

此等有訛字有錯簡
有偽撰有竄入有寫
字誤之不一暇當細考

張衡言春秋元命苞有公輸班與墨翟事見戰國非春秋時又言别有益州益州之置在於漢世以證圖讖為後入偽作今按傳記之文若此者甚多管子稱三晉之君其時未有三晉輕重篇稱魯梁齊趙其時未有梁趙稱代王其時未有代王國語句踐之伯陳蔡之君皆入朝其時有蔡無陳説苑句踐聘魏其時未有魏又言仲尼見梁君孟簡子相梁其時未有梁魯亦無孟簡子又言韓武子出田欒懷子止之韓氏無武子又言楚莊王以椒舉為上客椒舉事靈王非莊王呂氏春秋晉文公師咎犯隨會隨會不與文公咎犯同時趙襄子攻翟一朝而兩城下有憂色孔子賢之趙襄子為晉卿時孔子已卒顔闔見魯莊公顔闔穆公

時人去莊公十一世史記孔子世家使從者為甯武子臣於衛孔子時甯氏已滅扁鵲傳虢君出見扁鵲于中闕其時虢亡已久龜筴傳宋元王宋有元公無元王莊子見魯哀公而其書有魏惠王趙文王魯哀公去趙文王一百七十歲韓非子扁鵲見蔡桓侯桓侯與魯桓公同時相去幾二百歲越絕書晉鄭王晉鄭未嘗稱王又言孔子奉帷琴見越王越滅吳孔子已卒列子晏平仲問養生於管夷吾鹽鐵論季桓子聽政柳下惠忽然不見又言臧文仲治魯勝其盜而自矜子貢非之平仲去管子季桓子去柳下惠子貢去臧文仲各百餘歲韓詩外傳孟嘗君請學于閔子閔子孟嘗君相去幾二百歲冉有對魯哀公言姚賈監門

子姚賈秦始皇時人相去二百餘歳

史記之前惟有左氏史記之後實更無有矣

日知録卷之二十七

史記通鑑兵事

秦楚之際兵所出入之途曲折變化唯太史公序之如指掌以山川郡國不易明故曰東曰西曰南曰北一言之下而形勢瞭然以關塞江河為一方界限故于項羽則曰梁乃以八千人渡江而西曰羽乃悉引兵渡河曰羽將諸侯兵三十餘萬行畧地至河南曰羽渡淮曰羽遂引東欲渡烏江于高帝則曰出成臯玉門北渡河曰引兵渡河復取成臯蓋自古史書兵事地形之詳未有過此者太史公中固有一天下大勢非後代書生之所能幾也

司馬溫公通鑑承左氏而作其中所載兵法甚詳凡亡國

之臣盜賊之佐苟有一策亦具錄之朱子綱目大半削去似未達溫公之意

史記于序事中寓論斷

古人作史有不待論斷而于序事之中即見其指者唯太史公能之平準書末載卜式語王翦傳末載客語荊軻傳末載魯句踐語鼂錯傳末載鄧公與景帝語武安侯田蚡傳末載武帝語皆史家于序事中寓論斷法也後人知此法者鮮矣惟班孟堅間一有之如霍光傳載任宣與霍禹語見光多作威福黃霸傳載張敞奏見祥瑞多不以實通傳皆褒獨此寓貶可謂得太史公之法者矣

史記

史記秦始皇本紀末云宣公初志閏月然則宣公以前皆無閏每三十年多一年與諸國之史皆不同矣則秦之所用者何正邪

子長作史記在武帝太初中高祖功臣年表平陽侯下云元鼎三年今侯宗元年今侯者作史記時見為侯也下又云征和二年侯宗坐太子死國除則後人所續也卷中書征和者二後元者一惠景閒侯者年表書征和者一後元者三建元以來侯者年表書征和者二漢興將相年表有天漢太始征和後元以至昭宣元成諸號歷書亦同楚元王世家書地節二年齊悼惠王世家書建始三年者二曹相國世家書征和二年賈誼傳賈嘉至孝昭時列為九卿

田叔傳匈奴傳衛將軍傳末有戾太子及巫蠱事司馬相如傳贊楊雄以為靡麗之賦勸百而諷十皆後人所續也

河渠書東海引鉅定漢書溝洫志因之東海疑是北海之誤按地理志齊郡縣十二其五曰鉅定下云馬車瀆水首受鉅定東北至琅槐入海又千乘郡博昌下云博水東北至鉅定入馬車瀆而孝武紀曰征和四年春正月行幸東萊臨大海三月上耕于鉅定還幸泰山修封計其道里亦當在齊去東海遠矣

凡世家多本之左氏傳其與傳不同者皆當以左氏為正

晉世家吾太公望子久矣此是妄為之說周之太王齊之太公吴之太伯有國之始祖謂之太祖其義一也

趙世家趙簡子除三年之喪期而已此因左傳降于喪食之文而誤為之解本無其事

敬侯十一年魏韓趙共滅晉分其地成侯十六年與韓魏分晉封晉君以端氏此文重出

田敬仲完世家敬仲之如齊以陳氏為田氏此亦太史公之誤春秋傳未有稱田者至戰國時始為田耳

仲尼弟子傳公孫龍字子石少孔子五十三歲按漢書註公孫龍趙人為堅白異同之說者與平原君同時去夫子近二百年殆非也且云少孔子五十三歲則當田常伐魯之年僅十三四歲爾而曰子張子石請行豈甘羅外黃舍人之兒比乎

商君傳以鞅為大良造將兵圍魏安邑降之此必安邑字誤其下文曰魏惠王使使割河西之地獻於秦以和而魏遂去安邑徙都大梁乃是自安邑徙都之事耳安邑魏郡其王在焉豈得圍而便降秦本紀昭王二十一年魏獻安邑若已降于五十年之前何煩再獻乎趙世家敬侯元年始都邯鄲成侯二十二年魏惠王拔我邯鄲亦有可疑

虞卿傳據昌樓緩恐是一人虞卿進說亦是一事記者或以為趙王不聽或以為聽之太史公兩収之而不覺其重爾

燕王遺樂閒書恐即樂毅事而傳者誤以為其子然以二事相較在毅當日惠王信讒易將不得不奔其後往來復

通燕亦未失故君之禮若樂閒不過以言之不聽而遂懟君絶君雖遺之書而不顧此小丈夫之悻悻者矣

屈原傳雖放流睠顧楚國繫心懷王不忘欲反卒以此見懷王之終不悟也似屈平放流于懷王之時又云令尹子蘭聞之大怒卒使上官大夫短屈原于頃襄王頃襄王怒而遷之則實在頃襄之時矣流放一節當在此文之下太史公信筆書之失其次序爾

隨何說英布當書九江王不當書淮南王歸漢之後始立為淮南王也蓋採之諸其稱不一

淮陰侯傳先云范陽辯士蒯通後云齊人蒯通一傳互異

韓王信說漢王語乃淮陰侯韓信語也以同姓名而誤

以後人之名言之當爲天漢四年行此例後又停止至太始二年又復行此例一年兩見此乃權宜生財之法未必著爲定制永遠通行也

漢書

孝武紀天漢四年秋九月令死罪入贖錢五十萬減死一等太始二年九月募死罪入贖錢五十萬減死一等此一事而重見又同是九月

高帝功臣表十八侯位次一蕭何二曹參三張良四周勃五樊噲六酈商七奚涓八夏侯嬰九灌嬰十傅寬十一靳歙十二王陵十三陳武十四王吸十五薛歐十六周昌十七丁復十八蟲達當時所上者戰功而張良陳平皆居中計謀之臣故平列在四十七良列在六十二也至十八侯賛則蕭何第一樊噲第二張良第三周勃第四曹參第五陳平第六張敖第七酈商第八灌嬰第九夏侯嬰第十傅

寬第十一靳歙第十二王陵第十三韓信第十四陳武第十五蟲達第十六周昌第十七王吸第十八而無奚涓薛歐丁復此後入論定非當日之功次矣且韓信已誅死安得復在功臣之位耶此可知矣此位次高后二年所定故凡已絕奪在先者皆不與

史家之文多據原本或兩收而不覺其異或並存而兼及歸一漢書王子侯表長沙頃王子成高節侯梁一卷中再見一始元元年六月乙未封一元康元年正月癸卯封此並存未定當删其一而誤留之者也地理志于宋地下云今之沛梁楚山陽濟陰東平及東郡之須昌壽張皆宋分也于魯地下又云東平須昌壽張皆在濟東屬魯非宋地也當考此並存異説以備考當小註于下而誤連書者也

史記田叔傳既云司直田仁主閉守城門坐縱太子下吏誅死而下又云仁發兵長陵令車千秋上變仁仁族死陘城今在中山國此亦古人附註備考之文古人著書有疑則闕之以備考如越絶書記吳地傳曰湖三湖當問之丹湖當問之是也楚元王傳劉德昭帝時為宗正丞雜治劉澤詔獄而子向傳則云更生父德武帝時治淮南獄一傳之中自為舛異又其更名向在成帝即位之後而元帝初年即曰徵堪向欲以為諫大夫此兩次而未對勘者也禮樂志上云孝惠二年使樂府夏侯寬備其簫管下云武帝定郊祀之禮乃立樂府武五子傳上云長安白亭東為戾后園下云後八歲封戾夫人曰戾后置園奉邑樂府之名蚤立于孝惠之世戾園之目預見于八年之前此兩次而未貫通者也夫以二劉之精核猶多不及舉正何怪乎後之讀

書皆愈齒莽矣後周書蠕〻俱作茹〻惟列傳二十五卷獨作蠕〻

天文志魏地觜觿參之分野也其界自高陵以東盡河東河内南有陳留及汝南之召陵濦彊新汲西華長平潁川之舞陽郾許鄢陵河南之開封中牟武陽酸棗卷皆魏分也按左傳子產曰遷實沈于大夏主參故參為晉星然其彊界亦當至河而止若志所列陳留已下郡縣並在河南於春秋自屬陳鄭二國角亢氐之分也不當併入魏本都安邑至惠王始遷大梁乃據後來之彊土割以相附豈不謬哉

食貨志單穆公諫景王鑄大錢本之周語王弗聽卒鑄大錢此廢輕作重不利于民之事班氏乃續之曰以勸農澹

不足百姓蒙利焉失其指矣

地理志丹陽下云楚之先熊繹所封十八世文王徙郢此誤按史記楚世家成王封熊繹于楚居丹陽徐廣曰在南郡枝江縣水經註曰丹陽城據山跨阜周八里二百八十步東北两面悉臨絶澗西帶亭下溪南枕大江嶮峭壁立信天固也楚熊繹始封丹陽之所都也地理志以為吳子之丹陽尋吳楚悠隔繿縷山川無容遠在吳境非也山海經丹山在丹陽南郭璞註今建平郡丹陽城秭歸縣東七里

枚乘傳上云吳王不納乘等去而之梁下云枚乘復說吳王叅吳王起兵之時乘已家居而復與之書不然無緣復說也

杜周傳周為執金吾逐捕桑弘羊衛皇后昆弟子刻深按百官表天漢三年二月執金吾杜周為御史大夫四年卒而衛太子巫蠱事乃在征和二年周之卒已四年其時暴勝之為御史大夫又十一年昭帝元鳳元年御史大夫桑弘羊坐燕王旦事誅史家之謬如此

王尊傳上行幸雍過虢按今鳳翔縣乃古雍城而虢在陝幸雍何得過虢當是過美陽之誤美陽故城在今扶風縣北二十里且上文固云自虢令轉守槐里兼行美陽令是矣

王商傳春申君獻有身妻而產懷王誤當是幽王

外戚傳從共王母及丁姬歸定陶葬共王冢次按丁姬先已葬定陶此及丁姬三字衍

漢書二志小字

漢書地理藝文二志小字皆孟堅本文其師古曰應劭曰服虔曰之類乃顔氏註也近本漢書不刻註者誤以此為顔氏注而併删之

後漢郡國志云本志唯郡縣名為大書（本志司馬彪所撰）其山川地名悉為細註今進為大字新註證發臣劉昭采集是則前書小字為孟堅本文猶後漢之細註也其師古等諸註猶後漢之新注也當時相傳之本混作一條未曾分別耳

漢書不如史記

班孟堅為書束于成格而不得變化且如史記淮陰侯傳末載蒯通事令人讀之感慨有餘味淮南王傳中伍被與

與王答問語情態橫出文亦工妙今悉刪之而以蒯伍合江充息夫躬為一傳蒯寵寃伍次之二淮傳寥落不堪讀矣

## 荀悅漢書

荀悅漢紀改紀表志傳為編年其敘事處索然無復意味間或首尾不備其小有不同皆以班書為長惟一二條可采者杜陵陳遂字長子上微時與游戲博奕數負遂上即位稍見進用至太原太守乃賜遂璽書曰制詔太原太守官尊祿重足以償遂博負矣妻君寧時在旁知狀遂乃上書謝恩曰事在　元年　赦前其見厚如此漢書以負遂為負進又曰可以償博進矣進乃悼皇考之名宣帝不應

用之（武曰進即責字財貨也史記呂不韋傳車乘進用不饒）荀紀為長元康三年三月詔曰蓋聞象有罪而舜封之有庳骨肉之親放而不誅其封故昌邑王賀為海昏侯漢書作骨肉之恩絜而不殊文義難曉荀紀為長（按梁書絜而不殊當作檗而不誅說文檗糅檗散之也从米殺聲徐引左氏定公四年傳王於是乎殺管叔而蔡蔡叔言放之名散米今左傳作蔡蔡叔上蔡字亦音素葛反）後有善讀者倣裴松之三國志之体取其不同者注于班書之下足為史家之一助

紀王莽事自始建國元年以後則云其一年其三年以至其十五年以別于正統而盡沒其天鳳地元之號

## 後漢書

後漢書馬援傳上云帝嘗言伏波論兵與我意合下乃云

交阯女子徵側及女弟徵貳反于是璽書拜援伏波將軍此是采輯諸書率爾成文而忘其伏波二字之無所本也自范氏以下史書若此者甚多

桓譚傳當王莽居攝篡弑之際天下之士莫不競褒稱德美作符命以求容媚譚獨自守默然無言按前漢書翟義傳莽依周書作大誥遣大夫桓譚等班行諭告當反位孺子之意還封譚為明告里附城師古曰如古附庸王莽傳當賜爵關內侯者更名曰附城是曾受莽封爵史為諱之爾光武終不用譚當自有說

楊震傳河間男子趙騰詣闕上書指陳得失帝怒收考詔獄震上書救不省騰竟伏尸都市乃安帝時事而張皓傳

前後不同　按周卒于晉泰始六年年七十二而昭烈即位之年僅二十有三未必與勸進之列從本傳為是

孫亮太平元年孫綝殺滕胤呂據時為魏高貴鄉公之甘露元年魏志甘露二年以孫壹為侍中車騎將軍假節交州牧吳侯本傳云壹入魏黃初三年死誤也

陸抗傳拜鎮軍將軍都督西陵自關羽至白帝于文難曉按甘寧傳曰隨魯肅鎮益陽拒關羽羽號有三萬人自擇選鋭士五千人投縣上流十餘里淺瀨云欲夜涉渡肅以兵千人益寧寧乃夜往羽聞之住不渡而結柴營今遂名此處為關羽瀨據此則當云自益陽至白帝也

作史不立表志

朱鶴齡曰：太史公史記帝紀之後，即有十表八書。表以紀治亂興亡之大略，書以紀制度沿革之大端。班固改書為志，而年表視史記加詳焉。蓋表所由立，昉于周之譜牒，與紀傳相為出入。凡列侯將相三公九卿，其功名表著者既系之以傳，此外大臣無積勞亦無顯過，傳之不可勝書，而姓名爵里存沒盛衰之跡，要不容以遽泯，則于表乎載之。又其功罪事實，傳中有未悉備者，亦于表乎載之。年經月緯，一覽瞭然，作史體裁莫大于是，而范書闕焉，使後之學者無以考鏡二百年用人行政之節目，良可歎也。其失始于陳壽三國志，而范曄踵之，其後作者又援范書為例，年表皆在所略。姚思廉梁陳二書，李百藥北齊書，令狐德棻周書，李延壽南北史，皆無表志。不知作史無表則立傳不得不多傳愈多文愈繁而事蹟或反遺漏而不舉歐陽公知之故其譔唐書有宰相表有方鎮表有宗室世系表宰相世系表始復班馬之舊章云陳壽三國志習鑿齒漢晉春秋無志故沈約宋書諸志并前代所闕者補之姚思廉梁陳二書李百藥北齊書令狐德棻周書皆無志而于志寧李淳風韋安仁李延壽別修五代史志詔編第入隋書古人紹聞述往之意可謂弘矣

史文重出

後漢地里志候城改屬玄菟而遼東復出一候城無慮改屬遼東屬國而遼東復出一無慮必有一爲宜删者然則天下郡國中少二城矣

史文衍字

漢書吳王濞傳吳有鄣郡銅山誤多一豫字後漢書光武紀以前密令卓茂為太傅誤多一高字黨錮傳黃令毛欽操兵到門誤多一外事

後漢書皇后紀桓思竇皇后父諱武后父不當言諱〻字衍

儒林傳立五經博士各以家法教授易有施孟梁丘京氏尚書歐陽大小夏侯詩齊魯韓毛禮大小戴春秋嚴顏凡十四博士太常差次總領焉按此則十五非十四也蓋衍一毛字其下文載建初中詔有古文尚書毛詩穀梁左氏春秋雖不立學官之語（本紀建初八年詔同）又下卷云趙人毛萇傳

詩是為毛詩未得立賈逵傳建初八年詔諸儒各選高才生受左氏穀梁春秋古文尚書毛詩由是四經遂行于世而百官志博士十四人本註曰易四施孟梁立京氏尚書三歐陽大小夏侯氏詩三魯齊韓氏禮二大小戴氏春秋二公羊嚴顔氏徐防傳註引漢官儀曰易有施孟梁丘賀京房書有歐陽和伯夏侯勝建詩有申公轅固韓嬰春秋有嚴彭祖顔安樂禮有戴德戴聖凡十四博士則此毛字明為衍文也

靈帝紀光和三年六月詔公卿擧能尚書毛詩左氏穀梁春秋各一人悉除議郎尚書上脱古文二字

史家誤㳅舊文

史書之中多有仍舊文而未及改者史記燕世家稱今王喜魏書孝靜帝紀稱太原公今上舊唐書唐臨傳今上字

再見徐有功傳澤王上金傳今上字各一見皆謂玄宗韋
貫之傳上即位謂穆宗此皆舊史之文作書者失于改削
爾

宋書武帝紀永初元年八月戊午西中郎將荆州刺史宜
都王諱進號鎮西將軍文帝紀元嘉十三年九月癸丑立
第三皇子諱為武陵王二十五年八月甲子立第十一皇
子諱為淮陽王順帝紀昇明三年正月丁巳以新除給事
黄門侍郎蕭諱為雍州刺史三月丙午以中軍大將軍諱
為南豫州刺史齊公世子蕭思話傳遣司馬建威將軍南
漢中太守蕭諱五百人前進隋書高祖紀開皇十五年七
月乙丑晉王諱獻毛龜十九年二月乙亥晉王諱來朝張

晟傳晉王諱為揚州總管王韶傳晉王諱班師鐵勒傳晉王諱北征北史李弼傳論使持節大尉柱國大將軍大都督尚書左僕射隴右行臺少師隴西郡開國公李諱舊唐書中宗紀臨淄王諱舉兵誅韋武睿宗紀臨淄王諱與太平公主子薛崇簡等玄宗紀詔以皇太子諱充天下兵馬元帥郝處俊傳周王諱為西朋並當時臣子之辭三國志魏后妃傳註甄后曰諱等自隨夫人此諱字明帝名當時史家之文也宋書武帝紀劉諱龍行虎步後周書柳慶傳宇文諱忠誠奮發北史魏彭城王勰傳帝謂勰曰諱是何人而敢久違先敕並合稱名史臣不敢斥之爾然宋紀中亦有稱劉裕者一卷之中往往雜見冊府元龜後唐莊宗同光

二年二月戊寅幸李諱宅諱字下小註曰明宗也

文選任昉為齊明帝讓宣城郡公表稱臣公言為蕭揚州薦士表稱臣王言表辭本合稱名而改為公王亦其臣子之辭也

晉書

晉書宣帝紀當司馬懿為魏臣之時無不稱之為帝至蜀將姜維聞辛毗來謂亮曰辛毗仗節而來賊不復出矣所謂賊者即懿也當時在蜀人自當名之為賊史家襍采諸書不暇詳考一篇之中帝賊互見

天文志虛二星冢宰之官也主北方邑居廟堂祭祀祝禱事又主死喪哭泣按此冢宰當作冢人或以公羊傳宰上之木拱矣則墓亦

可稱為宰又曰軫四星主冢宰輔臣也則周官之冢宰矣

藝術傳戴洋言昔吳伐關羽天雷在前周瑜拜賀授瑜卒于建安十四年而呂蒙之襲關羽乃在二十四年瑜亡已十年矣

顧榮傳前云友人張翰後又云吳郡張翰張重華傳前云封謝父為福祿伯後又云進封福祿縣伯戴若思傳舉孝廉入雒周顗傳若思舉秀才入雒南陽王模傳廣平太守丁卲良吏傳丁紹石勒載記前作段就六眷後作段疾六眷陽裕傳又作段眷呂纂載記前作句摩羅耆婆後作鳩摩羅什慕容熙載記弘光門馮跋載記作洪光門又作洪觀門

宋書

宋書州郡志廣陵太守下云永初郡國又有興肥如潞眞定新市五縣肥如本遼西之縣其民南渡而僑立于廣陵符瑞志所云元嘉九年九月戊申廣陵淝如石梁澗中出石鐘九口是廣陵之有肥如也乃南沛太守下復云起居注孝武大明五年分廣陵爲沛郡治肥如縣時無復肥如縣當是肥如故縣處也二漢晉太康地志並無肥如縣一巻之中自相違錯且二漢之肥如自在遼西安得屬之廣陵分之沛郡乎

魏書

魏書崔浩傳浩既工書人多託寫急就章從少至老初不

憚勞所書葢以百数必稱馮代彊以示不敢犯國其謹也如此史于馮代彊下註曰疑挍急就篇有馮漢彊魏本胡人以漢強為諱故改云代強魏初國號曰代故也顔師古急就篇序曰避諱改易漸就蕪舛正指此酈道元水經註以廣漢竝作廣魏即其例也

梁書

劉孝綽傳衆惡之必監焉衆好之必監焉梁宣帝諱詧故改之葢襄陽以来國史之原文也乃其論則直書姚察書中亦有避唐諱者碩協傳以虎丘山為武丘山何點傳則為獸丘山

後周書

庾信傳哀江南賦過漂渚而寄食託蘆中而渡水漂渚當是溧渚之誤張勃吳錄曰子胥乞食處在丹陽溧陽縣史記范睢傳伍子胥橐載而出昭關至于陵水（戰國策作菱水）索隱曰劉氏云陵水即栗水也吳越春秋云子胥奔吳至溧陽逢女子瀨水之上（古溧同字）瀨子胥跪而乞餐女子食之既去自投于水後子胥欲報之乃投白金于此水今名其處為投金瀨金陵志曰江上有渚曰瀨渚是也或以二句不應皆用子胥事不知古人文字不拘如下文生世等于龍門四句亦是皆用司馬子長事

隋書

經籍志言漢哀帝時博士弟子秦景使伊存口授浮屠經

又云後漢明帝遣郎中蔡愔及秦景使天竺得佛經四十二章及釋迦立像按自哀帝之末至東京明帝之初垂六十年使秦景尚存亦當八十餘矣不堪再使絶域也蓋本之陶隱君真誥言孝明遣使者張騫羽林郎秦景博士王遵等十四人之大月氏國寫佛經四十二章祕之蘭臺石室作史者知張騫為武帝時人姓名久著故删去之獨言秦景而前後失于契勘故或以為哀帝或以為明帝耳

突厥傳上言沙鉢畧可汗西擊阿波破擒之下言雍虞閭以隋所賜旗鼓西征阿波敵人以為得隋兵所助多來降附遂生擒阿波此必一事而誤重書為二事也

北史一事兩見

北齊武成帝河清三年九月乙丑封皇子儼為東平王後主天統二年五月己亥封太上皇帝子儼為東平王一事兩書必有一誤

徐之才傳嘗與朝士出游　群犬競走諸人試令目之之才即應聲曰為是宋鵲為是韓盧為逐李斯東走為負帝女南徂其序傳又云于路見狗温子昇戲曰為是宋鵲為是韓盧神儁曰為逐丞相東走為共帝女南徂一事兩見且序傳是延壽自述其先人不當援他人之事以附益也

宋齊梁三書南史一事互異

南齊書李安民為吴興太守吴興有項羽神護郡聽事太

守不得上太守到郡必須祀以軛下牛安民奉佛法不與神牛著屐上聽事又于聽上八關齋俄而牛死葬廟側今呼為李公牛冢安民卒官世以神為祟按宋書孔季恭傳為吳興太守先是吳興頻喪太守云項羽神為卞山王居郡聽事二千石至常避之季恭居聽事竟無害也梁書蕭琛傳遷吳興太守郡有項羽廟土民名為憤王甚有靈驗遂于郡聽事安施床幕為神座公私請禱前後二千石皆于廳拜祠而避居他室琛至徙神還廟處之不疑南史云琛至著屐登聽事閣室中有吹聲琛厲色曰生不能與漢祖爭中原死乃據此聽事何也因遷之于廟又禁殺牛解祀以脯代肉此似一事而作史者一以為遺祟一以為厭邪立論不同如此又南齊書蕭惠基傳惠基弟惠休自

吴郡太守微為右僕射吳興郡項羽神舊酷烈世人云惠休事神謹故得美遷（南史同）南史蕭猷（本作淵猷）傳為吳興郡守與楚王廟神交歡至一斛每酹祀盡歡極醉神影亦有酒色所禱必從後為益州刺史值齊苟兒反攻城兵粮俱盡乃遥禱請救有田老逢數百騎如風言吳興楚王來救臨汝侯是日戰大破苟兒則又以為獲祐益不可信矣又南史蕭惠明傳泰始初為吳興太守郡界有卞山下有項羽廟相承云羽多居郡聽事前後太守不敢上惠明謂綱紀曰孔季恭嘗為此郡未聞有災遂盛設筵榻接賓數日見一人長丈餘張弓挾矢向惠明既而不見因發背旬日而卒此又與李安民相類而小變其說（按宋書惠明傳無此事）

## 舊唐書

舊唐書雖頗涉繁蕪然事蹟明白首尾該贍亦自可觀其
中唐臨傳今上字再見徐有功澤王上金傳今上字各一
見皆謂玄宗蓋沿故帙而未正者也懿宗紀咸通十三年
十二月李國昌小男克用殺雲中防禦使段文楚據雲州
自稱防禦留後則既直書其叛亂之罪而哀帝紀末云中
興之初王處直傳稱莊宗王鎔鄭從讜劉鄩張濬傳各有中
興之語自相矛盾按此書纂于劉昫後唐末帝清泰中
為丞相監修國史至晉少帝開運二年其書始成冊府元
龜言戶部侍郎張昭遠起居郎賈緯秘書少監趙熙吏部郎中鄭
受益左司員外郎李為光等修上其賜繒綵銀器并及前
朝劉昫　當時避晉高
祖嫌名或謂之李氏書朝代遷流簡牘浩富不暇徧詳而

竝存之後之讀者可以觀世變矣

楊朝晟一人作兩傳一見七十二卷一見九十四卷

新唐書

舊唐書高宗紀乾封元年春正月戊辰朔上祀昊天上帝于泰山以高祖太宗配饗己巳升山行封禪之禮庚午禪于社首是以朔日祭天于山下明日登封又明日禪社首次序甚明新書改云正月戊辰封于泰山庚午禪于社首是以祭天封山二事併為一事而繫於戊辰之日文雖簡而事不核矣

天后紀光宅元年四月癸酉遷廬陵王于房州丁丑又遷于均州垂拱元年三月丙辰遷廬陵王于房州中宗紀嗣

聖元年是年九月改光宅正月廢居于均州又遷于房州按舊書嗣聖元年二月戊午廢皇帝為廬陵王幽于別所四月丁丑遷廬陵王于均州垂拱元年三月遷廬陵王于房州中宗紀亦同而以四月為五月然無先遷房州一節疑舊史得之歐公蓋博採而誤

代宗紀上書四月丁卯幽皇后于別殿下書六月辛亥追廢皇后張氏曰追廢則張后之見殺明矣而不書其死亦為漏畧

文宗紀太和九年十一月壬戌李訓及河東節度使王璠邠寧節度使郭行餘御史中丞李孝本京兆少尹羅立言謀誅中官不克訓奔于鳳翔下云左神策軍中尉仇士良

殺王涯賈餗舒元輿李孝本羅立言王璠郭行餘而獨于李訓不言其死況訓乃走入終南山未至鳳翔亦爲未當

藝文志蕭方三十國春秋三十卷當作蕭方等乃梁元帝世子名方等侯鯖録曰方等首即周徧義

新唐書志歐陽永叔所作頗有裁斷文亦明達而列傳出宋子京之手則簡而不明二年高下逈爲不侔矣如太宗長孫后傳安業后異母兄之罪萬死無赦然不慈于妾天下知之舊書改曰安業死罪無赦然向遇妾不以慈户知之意雖不異而户知之三字殊不成文又如德宗皇后傳詔曰祭筵不可用假花果欲祭者從之舊書改曰有詔祭物無用寓欲祭聽之不過省舊書四字然非註不可解也

史家之文例無重出若不得已而重出則當斟酌彼此有詳有畧斯謂之簡如崔沔駮太常議加宗廟籩豆具文兩載于本傳及韋縚傳多至二三百言又如来濟與高智周郝處俊孫處約四人言志及濟領吏部遂以處約為通事舍人而見于本傳及高智周傳而石仲覽一人一以為宣城一以為江都此而忽之則亦不得謂之能簡矣此二事已見于新唐書糾繆今仍録之

楊瑒傳言有司帖試明經不質大義乃取年頭月日孤経絶句帖試之法用紙帖其上下文止留中間一二句因人以難記年頭如元年二年之類月日如十有二月乙卯之類如此則習春秋者益少矣故請帖平文今改曰年頭月

尾屬對雖工而義不通矣

嚴武傳為成都尹劍南節度使房琯以故宰相為巡內刺史武慢倨不為禮最厚杜甫然欲殺甫數矣李白作蜀道難者乃為房與杜危之也此宋入穿鑿之論此說又見韋皐傳益因陸暢之蜀道易而造為之耳李白蜀道難之作當在開元天寶間時人共言錦城之樂而不知畏途之險異地之虞即事成篇別無寓意及玄宗西幸升為南京則又為詩曰誰道君王行路難六龍西幸萬人歡地轉錦江成渭水天迴玉壘作長安一人之作前後不同如此亦時為之矣

張孝忠傳孝忠魁偉長六尺李晟傳長六尺古人以六尺為短今以六尺為長于他書未見馬燧楊收傳竝云長六尺二寸高力士傳長六

尺五寸

舊書段秀實傳陰說大將劉海賓何明禮姚令言判官岐靈岳同謀殺泚以兵迎乘輿三人者皆秀實夙所獎遇此謂姚令言之判官岐靈岳與海賓明禮為三人耳按文姚令言上當少一及字新書遂謂結劉海賓姚令言都虞候何明禮欲圖泚此三人者皆秀實素所厚而下文方云大吏岐靈岳令言賊也安有肯同秀實之謀者哉

舊唐書高仙芝封常清二傳並云四鎮節度使夫蒙靈詧而李嗣業段秀實二傳則云安西節度使馬靈詧劉全諒傳則云安東副都護保定軍使馬靈詧按王維集有送不蒙都護詩註不蒙蕃官姓也古不字有夫音如詩鄂不韡韡不蒙當

夫蒙而又作馬當因反語轉音之譌也

即夫蒙然未知其何以又為馬也新書因之兩姓並見而突厥傳則云安西節度使夫蒙靈詧

馬總傳李師道平分鄆曹濮等為一道除總節度賜號天平軍長慶初劉總上幽鎮地詔揔從天平而呂總還將大用之會總卒穆宗以鄆人附賴總復詔還鎮上云詔總從天平劉總也下云召總還馬總也又云會總卒劉總也又云鄆人附賴總馬總也此于人之主賓字之繁省皆有所不當〻云詔從天平而去總字其下則云會劉總卒於文無加而義明矣

舊唐書皇甫鎛傳附柳泌事云泌繫京兆府獄吏叱之曰何苦作此虛矯泌曰吾本無心是李道古教我且云壽四

百歲府吏防虞周密恐其隱化及解衣就誅一無變異語雖繁而叙事則明新書但云皆道古教我解衣即刑卒無它異去其中間語則它異二字何所本邪

曹確傳太宗著令文武官六百四十三按百官志太宗省內外官定制為七百三十員

舊唐書鄭綮傳昭宗謂有蘊蓄就常奏班簿側註云鄭綮可禮部侍郎平章事中書胥吏詣其家參謁綮笑曰諸君大誤使天下人皆不識字宰相不及鄭五也胥吏曰出自聖旨特恩來日制下綮抗其手曰萬一如此笑殺他人明日果制下新書改曰俄聞詔制下嘆曰萬一然笑殺天下人制已下矣何萬一之有

禮樂志貞觀二十一年詔左丘明卜子夏公羊高穀梁赤伏勝高堂生戴勝毛萇孔安國劉向鄭衆賈逵杜子春馬融盧植鄭康成伏虔何休王肅王弼杜預范甯二十二人配享儒學傳復出此文而闕賈逵作二十一人

林藴傳泉州莆田人父披以臨汀多山鬼淫祠民厭苦之撰無鬼論刺史樊冕奏署臨汀令此當是署令在前作論在後而倒其文

凡吴氏糾謬所已及者不更論

昔人謂宋子京不喜對偶之文其作史有唐一代遂無一篇詔令如德宗興元之詔不録于書徐賢妃諫太宗疏狄仁傑諫武后營大像疏僅寥寥數言而韓愈平淮西碑則

全載之夫史以記事詔疏俱國事之大文不如碑頌乎柳宗元貞符乃布恩飾罪之文與相如之封禪頌異矣載之尤為無識

宋史

宋史言朝廷與金約滅遼止求石晉賂契丹故地而不思營平灤三州非晉賂乃劉仁恭獻契丹以求援者既而王黼悔欲併得之遣趙良嗣往請之再三金人不與此史家之誤按通鑑初幽州北七百里有渝關下有渝水通海自關東北循海有道道狹處纔數尺旁皆亂山高峻不可越北至進牛口舊置八防禦使募土兵守之田租皆供軍食不入于薊幽州歲置繒纊以供戰士衣每歲早獲清野堅

壁以待契丹契丹至輒閉壁不戰俟其去選驍勇據隘邀之契丹常失利走士兵皆自為田園力戰有功則賜勳加賞由是契丹不敢輕入寇及周德威為盧龍節度使恃勇不修邊備遂失渝關之險契丹每芻牧于營平之間又按遼史太祖天贊二年正月丙申大元帥堯骨克平州獲刺史趙思溫裨將張崇二月如平州甲子以平州盧龍軍置節度使遼之天贊二年乃後唐莊宗同光元年是營平二州契丹自以兵力取之于唐而不於劉仁恭又非賂以求援也若灤本平州之地遼太祖以俘户置灤州當劉仁恭時尚未有此州尤為無據遼史于灤州下云石晉割地在平州之境亦誤也金史張覺傳平州自入契丹別為一軍執弗與

元人作宋史于天文志云如胡兵大起胡主憂之類改曰北兵北主昴為胡星改曰北星惟北河下一曰胡門則不能改也仍其文書中凡虜字皆改為敵至以金虜為金敵陳康伯王大寶傳惟胡銓二書不改

阿魯圖進宋史表

元阿魯圖進宋史表曰厥後瀛國歸朝吉王航海齊亡而訪王蠋乃存秉節之臣楚滅而喻魯公堪矜守禮之國金史忠義傳序曰聖元詔脩遼金宋史〻臣議凡例前代之臣忠于所事者請書之無諱朝廷從之此皆宋世以來尊經儒重節義之效其時之人心風俗猶有三代直道之遺

不獨元主之賢明也

齊武帝使太子家令沈約撰宋書疑立袁粲傳審之於帝帝曰袁粲自是宋室忠臣

遼史

宋史富弼傳言使契丹爭獻納二字聲色俱厲契丹主知不可奪乃曰吾當自遣人議之復使劉六符來弼歸奏曰臣以死拒之彼氣折矣可勿許也朝廷竟以納字與之遼史興宗紀亦云感富弼之言和議始定而劉六符傳則云宋遣使歲增幣以易十縣六符與耶律仁先使宋定歲貢名宋難之六符曰本朝兵強將勇人人願從事于宋若恣其俘獲以飽所欲與進貢字孰多況大兵駐燕萬一南進何

于一人之手宋濂序云洪武元年十二月詔脩元史臣濂
臣禕總裁二年二月丙寅開局八月癸酉書成紀三十七
卷志五十三卷表六卷傳六十三卷順帝時無實録可徵
因未得為完書上復詔儀曹遣使行天下其涉于史事者
令郡縣上之三年二月乙丑開局七月丁亥書成紀十卷
志五卷表二卷傳三十六卷凡前書有所未備頗補完之總
裁仍濂禕二人而纂録之士獨趙壎終始其事然則元史
之成雖不出于一時一人而宋王二公與趙君亦難免于
疎忽之咎矣昔宋吳縝言方新書來上之初若朝廷付之
有司委官覆定使詰難糾駮審定刊脩然後下朝臣博議
可否如此則初修者必不敢滅裂審覆者亦不敢依違庚

于一人之手宋濂序云洪武元年十二月詔脩元史臣濂臣禕總裁二年二月丙寅開局八月癸酉書成紀三十七卷志五十三卷表六卷傳六十三卷順帝時無實録可徵因未得為完書上復詔儀曹遣使行天下其涉于史事者令郡縣上之三年二月乙丑開局七月丁亥書成紀十卷志五卷表二卷傳三十六卷凡前書有所未備頗補完之總裁仍濂禕二人而纂録之士獨趙壎終始其事然則元史之成雖不出于一時一人而宋王二公與趙君亦難免于疏忽之咎矣昔宋吴縝言方新書來上之初若朝廷付之有司委官覆定使詰難糾駮審定刊脩然後下朝臣博議可否如此則初修者必不敢滅裂審覆者亦不敢依違庚

失當

幽蘭之繼承麟諡之曰哀宗本紀息州行省諡之曰昭宗完顏婁室傳史從哀宗為定而食貨志末及百官志復有義宗之稱不著何人所上元史列傳中並稱金義宗金與元連兵二十餘年書中雖稱大元而內外之旨截然不移是金人之作非元人之作此其所以為善承麟即位不過一二日而史猶稱之為末帝白撒傳其與宋之二王削其帝號者絕異故知非一人之筆矣

元史

元史列傳八卷速不台九卷雪不台一人作兩傳十八卷完者都二十卷完者拔都亦一人作兩傳蓋其成書不出

以禦之頗小節忌大患悔將何及宋乃從之歲幣稱貢耶律仁先傳亦同二史並脱之監脩而不同如此六符傳似家誌狀與其祖景同為一傳而有重文

金史

金史大抵出劉祁元好問二君之筆亦頗可觀劉祁字京叔渾源人著歸潛志元好問字裕之秀容人著壬辰雜編元人取之以成金史見文藝傳及完顏奴申傳贊然其中多重見而涉于繁者孔毅父雜説謂自昔史書兩人一事必曰語在某人傳晉書載王隱諫祖約奕棊一段兩傳俱出此為文繁矣正同此病

海陵諸子傳贊當引楚靈王曰余殺人子多矣能無及此乎昭公十三年而及引荀首言不以人子吾子其可得乎似為

不獨元主之賢明也

齊武帝使太子家令沈約撰宋書疑立袁粲傳審之於帝帝曰袁粲自是宋室忠臣

遼史

宋史富弼傳言使契丹爭獻納二字聲色俱厲契丹主知不可奪乃曰吾當自遣人議之復使劉六符來弼歸奏曰臣以死拒之彼氣折矣可勿許也朝廷竟以納字與之遼史興宗紀亦云感富弼之言和議始定而劉六符傳則云宋遣使歲增幣以易十縣六符與耶律仁先使宋定歲貢名宋難之六符曰本朝兵強將勇人人願從事于宋若恣其俘獲以飽所欲與進貢字孰多況大兵駐燕萬一南進何

乎得為完書可以歷久乃歷代脩史之臣皆務苟完右文之君亦多倦覽未有能行其說者也惟我太祖嘗命解縉脩正元史舛誤其書留中不傳

世祖紀中統三年二月以興松雲三州隷上都四年五月陞上都路望雲縣為雲州松山縣為松州是三年尚未陞州預書為州者誤

本紀有脫漏月者列傳有重書年者

天文志既載月五星淩犯而本紀復詳書之不免重出志末云餘見本紀亦非体

諸志皆案牘之文並無鎔范如河渠志言耿參政阿里尚書祭祀志言田司徒郝參政皆案牘中之稱謂也

張楨傳有復擴郭帖木兒書曰江左日思荐食上國此謂我太祖也晉陳壽上諸葛孔明集表曰伏惟陛下遠蹤古聖蕩然無忌故雖敵國誹謗之言咸肆其辭而無所革諱所以明大通之道也於此書見之矣

石抹宜孫傳上言大明兵下言朝廷朝廷謂元也內外之辭明白如此

順帝紀大明兵取太平路大明兵取集慶路其時國號未為大明曰大明者史臣追書之也古人記事有不得不然者類如此

通鑑

呂東萊大事記曰史記商君本傳云不告姦者腰斬告姦

者與斬敵首同賞匿姦者與降敵同罰通鑑刪不告姦者一句而以匿姦之罪為不告姦之罪本傳又云民有二男以上不分異者倍其賦通鑑刪之本傳又云名田宅臣妾者以家次通鑑刪以家次三字皆當以本傳為正以家次者如漢賜夏侯嬰比第一之類

孟子以伐燕為宣王事與史記不同通鑑以威王宣王之卒各移下十年以合孟子之書今按史記湣王元年為周顯王之四十六年歲在著雍閹茂又八年燕王噲讓國于相子之又二年齊破燕殺王噲又二年燕人立太子平則已為湣王之十二年而孟子書吾甚慙於孟子尚是宣王何不以宣王之卒移下十二三年則于孟子之書無不皆

合而但拘于十年之成數耶

史記萬石君列傳慶嘗為太僕御出上問車中幾馬慶以策數馬畢舉手曰六馬慶于諸子中最為簡易矣然猶如此太史公之意謂慶雖簡易而猶敬謹不敢率爾即對其言簡易正以起下文之意也通鑑去然猶如此一句殊失本指

通鑑漢武帝元光六年以衛尉韓安國為材官將軍屯漁陽元朔元年匈奴二萬騎入漢殺遼西太守略二千餘人圍韓安國壁又入漁陽雁門各殺略千餘人大曰圍韓安國壁其為漁陽可知而云又入漁陽則誤矣考史記匈奴傳本文則曰敗漁陽太守軍千餘人圍漢將軍安國安國時

千餘騎亦且盡會燕救至匈奴引去其文精密如此通鑑改之不當

漢書宣帝紀五鳳二年春三月行幸雍祠五畤通鑑改之曰春正月上幸甘泉郊泰畤考異引宣紀云三月行幸甘泉而宣紀本無此文不知温公何所據

光武自隴蜀平後非警急未嘗復言軍旅皇太子嘗問軍旅之事帝曰昔衛靈公問陳孔子不答此非爾所及據後漢書本文皇太子即明帝也通鑑乃書於建武十三年則東海王彊尚為太子亦為未允

唐德宗貞元二年李泌奏自集津至三門鑿山開車道十八里以避底柱之險按舊唐書李泌傳並無此事而食貨

志曰開元二十二年八月玄宗從京兆尹裴耀卿之言置河陰縣及河陰倉在今汜水縣河清縣柏崖倉在今孟津縣三門東集津倉三門西鹽倉並在今平陸縣開三門北山十八里以避湍險自江淮而泝鴻溝悉納河陰縣自河陰送納含嘉倉六典東都有含嘉倉又送納太原倉計太原倉雖屬陝州當在河北謂之北運自太原倉浮于渭以實京師凡三年運七百萬石省陸運之傭四十萬貫又曰開元二十九年陝郡太守李齊物鑿三門山以通運闢三門巔輸疑當作喩巖險之地俾負索引艦昇于安流自齊物始也天寶三年韋堅代蕭炅以滻水作廣運潭於望春樓之東而藏舟焉是則北運始于耀卿高陸行十八里河運始于齊物則直達于長安也下距貞元四十五年

無緣有李泌復鑿山門之事

通鑑不載文人

李因篤語予通鑑不載文人如屈原之為人太史公贊之謂與日月爭光而不得書于通鑑杜子美若非出師未捷一詩為王叔文所吟則姓名亦不登于簡牘矣予答之曰此書本以資治何暇録及文人昔唐丁居晦為翰林學士文宗于麟德殿召對因面授御史中丞翼日制下帝謂宰臣曰居晦作得此官朕嘗以時諺謂杜甫李白輩為四絶問居晦居晦曰此非君上要知之事嘗以此記得居晦今所以擢為中丞冊府元龜如君之言其識見殆出文宗下矣

日知録巻之二十八

漢人註經

左氏解經多不得聖人之意元凱注傳必曲為之疏通殆非也鄭康成則不然其于二禮之經及子夏之傳往〻駁正如周禮職方氏荆州其浸潁湛註云潁水出陽城宜屬豫州在此非也豫州其浸波溠註云春秋傳曰除道梁溠營軍臨隨則溠宜屬荆州在此非也儀禮喪服篇唯子不報傳曰女子子適人者為其父母期故言不報也註云唯子不報男女同不報爾傳以為主謂女子子似失之矣女子子為祖父母傳曰何以期也不敢降其祖也註云經似在室傳似已嫁公妾以及士妾為其父母傳曰何以期也妾

不得体君得為其父母遂也註云然則女君有以尊降其父母者與春秋之義雖為天王后猶曰吾季姜是言子尊不加于父母此傳似誤矣士虞禮篇用尹祭註云尹祭脯也大夫士祭無云脯者今不言牲號而云尹祭亦記者誤矣於禮記則尤多罣駁如檀弓篇齊穀王姬之喪魯莊公為之大功註云當為舅之妻非外祖母也外祖母又小功也季子臯葬其妻犯人之禾註云恃寵虐民非也叔仲衍請繐衰而環絰註云弔服之絰服其舅非月令篇孟夏之月行賞封諸侯註云祭統曰古者于禘也發爵賜服順陽義也於嘗也出田邑發秋政順陰義也今此行賞可也而封諸侯則違于古封諸侯出土地之事於時未可似失之斷

薄刑決小罪註云祭統曰草艾則墨謂立秋後也刑無輕於墨者今以純陽之月斷刑決罪與毋有壞墮自相違似非季夏之月命漁師伐蛟取鼉登龜取黿註云四者甲類秋乃堅成周禮曰秋獻龜魚又曰凡取龜用秋時是夏之秋也作月令者以為此秋據周之時也周之八月夏之六月因書於此似誤也孟秋之月毋以封諸侯立大官毋以割地行大使出大幣註云古者於嘗出田邑此其嘗並秋而禁封諸侯割地失其義郊特牲篇季春出火註云言祭社則此是仲春之禮也仲春以火田田止弊火然後獻禽至季春火出而民乃用火今云季春出火乃牧誓社記者誤也郊之用辛也周之始郊日以至註云言日以周郊天

之月而至陽氣新用事順之而用辛日此說非也郊天之月而日至魯禮也三王之郊一用夏正魯以無冬至祭天於圜丘之事是以建子之月郊天示先有事也尸陳陳也註云尸或詁為主此尸神像當從主訓之言陳非也明堂位篇夏后氏尚明水殷尚醴周尚酒註云此皆其時之用耳言尚非君臣未嘗相弑也禮樂刑法政俗未嘗相變也註云春秋時魯三君弑又士之有誄由莊公始婦人髽而弔始于臺駘云君臣未嘗相弑政俗未嘗相變亦近誣矣襍記下或曰主之而附于夫之黨註云妻之黨自主之非也圭子男五寸註云子男執璧作此贊者失之矣此其所駮雖不盡當視杜氏之專阿傳又則不同矣經註之中可

謂卓然者乎

論語子見南子註孔安國曰行道既非婦人之事而弟子不說與之呪誓可疑焉此亦漢人疑經而不敢強通者也

宋黄震言杜預註左氏獨主左氏何休註公羊獨主公羊惟范甯不私于穀梁而公言三家之失如曰左氏以鬻拳兵諫為愛君是人主可得而脅也以文公納幣為用禮是居喪可得而昏也穀梁以衛輒拒父為尊祖是為子可得而叛也不納子糾為內惡是仇讎可得而容也公羊以祭仲廢君為行權是神器可得而闚也妾母稱夫人為合正是嫡庶可得而齊也又曰左氏艷而富其失也誣穀梁清

此駁未當如傳所云頗似近時稗史二人交馬若干回合者矣

而婉其失也短公羊辯而裁其失也俗今考集解中糾傳文者得六事莊　九年公伐齊納糾傳當可納而不納齊變而後伐故乾時之戰不諱敗惡内也解曰傳者無時而可與通縱納之遲晚人不能全保讐子何足以惡内乎然則乾時之戰不諱敗齊人取子糾殺之皆不迂其文正書其事内之大惡不待貶絶居然顯矣惡内之言傳或失之僖元年公子友帥師敗莒師于麗獲莒挐傳公子友謂莒挐曰吾二人不相説士卒何罪屏左右而相搏解曰江熙曰經書敗莒師而傳云二人相搏則師不戰何以得敗理自不通也子所慎三戰居其一季友令德之人豈當舍三軍之整佻身獨鬭潜刃相害以決勝負者哉此又事之不然

傳或失之僖十四年季姬及繒子遇于防使繒子來朝傳遇者同謀也解曰魯女無故遠會諸侯遂得淫通此又事之不然左傳曰繒季姬來寧公怒之以繒子不朝遇于防而使來朝此近合人情襄十一年作三軍傳古者天子六師諸侯一軍作三軍非正也解曰周禮司馬法王六軍大國三軍次國二軍小國一軍總云諸侯一軍又非制也昭十一年楚子虔誘蔡侯般殺之于申傳夷狄之君誘中國之君而殺之故謹而名之也解曰蔡侯般弒父之賊此人倫之所不容王誅之所必加禮凡在官者殺無赦豈得惡楚子殺般乎若謂夷狄之君不得行禮于中國者理既不通事又不然宣十一年楚人殺陳夏徵舒不言入傳曰明楚之

之討有罪也似若上下違反不兩立之說哀二年晉趙鞅率帥師納世子蒯聵于戚傳納者內弗受也何用弗受也以輒不受也以輒不受父之命受之王父也信父而辭王父則是不尊王父也其弗受以尊王父也解曰江熙曰齊景公廢世子世子還國書篡若靈公廢蒯聵立輒則蒯聵不得復稱曩日世子也稱蒯聵為世子則靈公不命輒審矣此矛盾之喻也然則從王父之言傳似失之矣經云納衛世子鄭世子忽復國于鄭稱世子明正也明正則拒之者非邪以上皆糾正傳文之失

宋吳元美作吳縝新唐書糾謬序曰唐人稱杜征南顏祕書為左丘明班孟堅忠臣顏師古本傳今觀其推廣發明二子

信有功矣至班左語意乖戾處往〻曲為說以附會之安在其為忠也今吳君於歐宋大手筆乃能糾謬纂誤力裨前闕殆晏子所謂獻可替否和而不同者此其忠何如哉然則唐人之論忠也

註疏中引書之誤

爾雅釋山石戴土謂之崔嵬土戴石為砠毛傳互誤又山多草木岵無艸木峐疏峐當作屺毛傳互誤鄭康成箋詩采蘩引少牢饋食禮主婦被裼誤作禮記皇矣引左傳鄭公子突使勇而無剛者嘗寇而速去之晉士會若使輕者肆焉其可誤合為一事註周禮大司徒引左傳成二年先王彊理諸侯誤作吾子彊理天下引詩錫之山川土田附

庸誤作上地射人引射義明乎其節之志以不失其事則功成而德行立誤作樂記縣士引左傳韓襄為公族大夫誤作韓須註禮記月令引夏小正八月丹鳥羞白鳥誤作九月引詩稱彼兕觥萬壽無彊誤作受福無疆范武子解穀梁傳莊十八年引玉藻天子玄冕而朝日於東門之外誤作王制郭景純註爾雅引孟子止或尼之誤作行或尼之引易鞏用黃牛之革固志也誤以革遯二文合為一傳韋昭國語註公甫文伯母賦綠衣之三章誤引四章髙誘淮南子註引詩鼉鼓逢逢誤作鼉鼓洋洋孔穎達左傳文十八年正義引孟子柳下惠聖之和者也誤作伊尹聖人之和者也蘇軾書傳伊訓引孟子從流下而忘反謂之流

誤作從流上而忘反謂之游朱震易傳井大象引詩維此哲人謂我劬勞誤作知我者謂我劬勞趙汝楳易輯聞蹇之大象引孟子我必不仁我必無禮誤作我必不仁不義朱元晦中庸章句引詩后稷之孫實維太王居岐之陽實始翦商誤作至于太王詩集傳閔予小子引楚辭三公穆〻登降堂只誤作三公揖讓

朱子註論語夏曰瑚商曰璉此仍古註之誤記曰夏后氏之四璉殷之六瑚是夏曰璉商曰瑚也享禮注引發氣滿容今儀禮文作發氣焉盈容避人避惠帝諱盈之字曰滿此當改而不改也

孟子有為神農之言 註史遷所謂農家者流也仁山金氏

曰太史公六家同異無農家班固藝文志分九流始有農家者流集誤偶誤未及改

揚用脩言朱子周易本義引韓非子參之以比物伍之以合虛誤以合虛為合參原其故乃自荀子註中引來不自韓非子采出也按伍所以合參安得謂之合虛乃今韓非子本誤

## 姓氏之誤

穀梁傳隱九年天王使南季來聘南氏姓也季氏也南非姓〻字衍文桓二年及其大夫孔父孔氏父字謚也父非謚〻字衍文

詩白華箋褒氏褒人所入之女姒其字也字當作姓此康

成之誤孔氏曰褒國姒姓言姒其字者婦人因姓為字也乃是曲為之解耳

朱子註論語孟子如太公姜姓呂氏名尚其别姓氏甚明至于子夏孔子弟子姓卜名商子禽姓陳名亢子貢姓端木名賜子文姓鬭名穀於菟之類皆以氏為姓齊宣王姓田氏名辟彊則併姓氏而合為一矣豈承昔人之誤而未之正與宋自夾漈鄭氏始著氏族畧以前人多未講此故傳古圖言州吁姓州而徽宗欲徵周人王姬之號故公主謂之帝姬也

左傳註

隱五年使曼伯與子元潛軍軍其後按子元疑即厲公之字昭十一年申無宇之言曰鄭莊公城櫟而寘子元焉使

昭公不立杜以為別是一人厲公因之以殺曼伯而取櫟非也蓋莊公在時即以櫟為子元之邑如重耳之蒲夷吾之屈故厲公於出奔之後取之特易而曼伯則為昭公守櫟者也九年公子突請為三覆以敗戎桓五年子元請為二拒以敗王師固即厲公一人而或稱名或稱字耳合三事觀之可以知厲公之才畧而又資之巖邑能無篡國乎十一年立桓公而討寪氏有死者言非有名位之人蓋微者爾如司馬昭族成濟之類解曰欲以弑君之罪加寪氏而復不能正法誅之非也

桓二年孔嘉父為司馬杜氏以孔父名而嘉字非也孔父字而嘉其名按家語本姓篇曰宋湣公熙生弗父何何生

宋父周〻生世子勝〻生正考父考父生孔父嘉其後以孔為氏然則仲尼氏孔正以王父之字而楚成嘉鄭公子嘉皆字子孔亦其證也說文孔以乙以子乙至而得子嘉美之也古人名嘉字子孔鄭康成註士喪禮曰某甫字也若言山甫孔甫甫通父是亦以孔父為字劉原甫以為已名其君于上則不得字其臣於下竊意春秋諸侯卒必書名而大夫則命卿稱字無生卒之別劉原父云大夫再命称名三命称字亦未嘗以名字為尊卑之分桓十一年鄭伯寤生卒葬鄭莊公宋人執鄭祭仲祭氏以仲為名而足字亦拘于例也十七年蔡侯封人卒蔡季自陳歸于蔡名其君于上字其臣於下也昭二十二年劉子單子以王猛居于皇劉子單子以王猛入于王城二十三年尹氏立王子朝二十六

年尹氏召伯毛伯以王子朝奔楚爵其邑于上名其君于下也然則孔父當亦其字而學者之疑可以涣然釋矣君之名變也命卿之書字常也重王命亦所以尊君也

其弟以千畝之戰註解曰西河界休縣南有地名千畝非也穆侯時晉境不得至介休按史記趙世家周宣王伐戎及千畝戰正義曰括地志云千畝原在晉州岳陽縣北九十里

五年蔡人衛人陳人從王伐鄭解曰王師敗不書不以告非也王師敗不書不可書也為尊者諱

六年不以國解曰國君之子不自以本國為名焉有君之子而自名其國者乎謂以列國為名若定公名宋哀公名

蒋

八年楚人上左君必左無與王遇解曰君楚君也愚謂君謂隋侯王謂楚王兩軍相對隨之左當楚之右言楚師左堅右瑕君當在左以攻楚之右師

十三年及齊侯宋公衛侯燕人戰齊師宋師衛師燕師敗績解曰或稱人或稱師史異辭也愚謂燕獨稱人其君不在師

莊十二年蕭叔大心解曰蕭叔大夫名按大心當是其名而叔其字亦非蕭大夫也三十三年蕭叔朝公解曰蕭附庸國叔名按唐書宰相世系表云宋戴公生子衎字樂父裔孫大心平南宮長萬有功封于蕭以為附庸今徐州蕭

縣是也其後楚滅蕭

十四年莊公之子猶有八人解莊公子傳唯見四人子忽子亹子儀並死獨厲公在八人名字記傳無聞按猶有八人者除此四人之外尚有八人見在也桓十四年鄭伯使其弟語來盟傳稱其字曰子人亦其一也

二十二年山嶽則配天解曰得太嶽之權則有配天之大功非也詩曰嶽高惟嶽駿極于天言天之高大惟山嶽足以配之

二十五年夏六月辛未朔日有食之鼓用牲于社非常也惟正月之朔慝未作日有食之于是乎用幣于社伐鼓于朝周之六月夏之四月所謂正月之朔也然則此其常也

而曰非常者何蓋不鼓于朝而鼓于社不用幣而用牲此所以謂之非常禮也杜氏不得其說而曰以長歷推之是年失閏辛未實七月朔非六月也此則咎在司歷不當責其伐鼓矣又按唯正月之朔以下乃昭十七年季平子之言今載于此或恐有誤

僖四年昭王南征而不復寡人是問解曰不知其故而問之非也蓋齊侯以為楚罪而問之然昭王五十一年南征不復至今惠王二十一年計三百四十七年此則孔文舉所謂丁零盜蘇武牛羊可并案者也

五年太伯不從不從者謂太伯不在太王之側爾史記述此文曰太伯虞仲太王之子也太伯亡去是以不嗣以亡

去為不從其義甚明杜氏誤以不從之命為解而後儒遂傅合魯頌之文謂太王有翦商之志太伯不從此與秦檜之言莫須有者何以異哉

六年圍新密鄭所以不時城也寔密而經云新城故傳釋之以為鄭懼齊而新築城因謂之新城也解曰鄭以非時興土功故齊桓聲其罪以告諸侯夫罪孰大于逃盟者而但責其非時興土功不亦細乎且上文固曰以其逃首止之盟故也則不煩添此一節矣

十五年涉河侯車敗解曰秦伯之軍涉河則晉侯車敗非也秦師及韓晉尚未出何得言晉侯車敗當是秦伯之車敗故穆公以為不祥而詰之耳此二句乃事寔非

卜人之言若下文所云不敗何待則謂晉敗古人用字自不相蒙

三敗及韓當依正義引劉炫之說是秦伯之車三敗及韓在涉河之後此韓在河東故曰寇深矣史記正義引括地志云韓原在同州韓城縣西南非也杜氏解但云韓晉地郤有斟酌

十八年狄師還解曰邢留距衛非也狄強而邢弱邢從於狄而伐者也言狄師還則邢可知矣其下年衛人伐邢蓋憚狄之強不敢伐而獨用師于邢也解曰邢不速退所以獨見伐亦非

二十二年大司馬固諫曰解曰大司馬固莊公之孫公孫

固也非也大司馬即司馬子魚固諫堅辭以諫也隱三年言曰大司馬孔父而屬殤公焉桓二年言孔父嘉為司馬知大司馬即司馬也文八年上言殺大司馬公子卬下言司馬握節以死知大司馬即司馬也定十年公若藐固諫曰知固諫之為堅辭以諫也

二十四年晉侯求之不獲以緜上為之田蓋之推既隱求之不得未幾而死故以田禄其子爾楚辭九章云思久故之親身兮因縞素而哭之明文公在時之推已死史記則云聞其入綿上山中於是環綿上山中而封之以為介推田號曰介山然則受此田者何人乎於義有所不通矣

三十三年晉人及姜戎敗秦師于殽解曰不同陳故言及

非也及者殊夷狄之辭

文元年於是閏三月非禮也古人以閏為歲之餘凡置閏必在十二月之後故曰歸餘于終考經文之書閏月者皆在歲末文公六年閏月不告月猶朝于廟哀公五年閏月葬齊景公是也而左傳成公十七年襄公九年哀公十五年皆有閏月亦並在歲末又經傳之文凡閏不言其月者言閏即歲之終可知也今魯改曆法置閏在三月故為非禮漢書歷律志曰魯歷不正以閏餘一之歲為蔀首是也孟康曰當以閏盡歲為蔀首今失正未盡一歲便以為蔀首也又按漢書高帝紀後九月師古曰秦之歷法應置閏者總致之于歲末蓋取左傳所謂歸餘于終之意何以明之據漢書表及史記漢未改秦

歷之前屢書後九月是知歷法固然

二年陳侯為衛侯請成于晉執孔達以說此即上文所謂我辭之者也解謂晉不聽而變計者非

三年雨螽于宋解曰宋人以螽死為得天祐喜而來告故書夫隕石鷁退非喜而來告也

七年宣子與諸大夫皆患穆嬴且畏偪解曰畏國人以大義來偪已非也畏穆嬴之偪也以君夫人之尊故

十三年文子賦四月解曰不欲還晉以傳考之但云成二國不言公復還晉四月之詩當取亂離瘼矣維以告哀之意爾

宣十二年宵濟亦終夜有聲解曰言其兵衆將不能用非

也言其軍囂無復部伍
成六年韓獻子將新中軍且為僕大夫必言僕大夫者以
君之親臣故獨令之從公而入寢庭也解未及
十六年泌之師荀伯不復從解曰荀林甫奔走不復故道
非也謂不復從事于楚
子在君側敗者壹大我不如子子以君免敗者壹大恐君
之不免也我不如子〻之才能以君免也解謂軍大崩為
壹大及御與車右不同者非
襄四年有窮由是遂亡解曰浞因羿室不改有窮之號非
也哀元年稱有過澆矣此特承上死于窮門而言以結所

十年鄭皇耳帥師侵衛楚令也猶云從楚之盟故也解謂亦兼受楚之勑命者非

十一年政將及子子必不能解謂魯次國而為大國之制貢賦必重故憂不堪非也言魯國之政將歸于季孫以一軍之征而供覇國之政將有所不及則必改作其後四分公室而季氏擇二蓋亦不得已之計叔孫固已豫見之矣

十八年塹防門而守之廣里解曰故經書圍非也圍者圍齊也非圍防門也

二十一年得罪于王之守臣守臣謂晉侯玉藻諸侯之於天子曰某土之守臣某是也解以為范宣子非

二十三年禮為鄭國闕解曰禮諸侯絶期故以隣國責之非也杞孝公晋平公之舅尊同不降當服緦麻三月言鄭國之喪且猶徹樂而况于毋之兄弟乎

二十八年陳文子謂桓子曰禍將作矣吾其何得對曰得慶氏之木百車于莊文子曰可慎守也已解曰善其不志於貨財非也卲國賢曰此陳氏父子為隱語以相喻也愚謂木者作室之良材莊者國中之要路言將代之執齊國之權

三十一年我問師故問齊人用師之故解曰魯以師往非

昭五年民食于他解曰魯君與民無異謂仰食于三家非也夫民生于三而君食之今民食于三家而不知有君是

昭公無養民之政可知矣
八年輿嬖袁克殺馬毀玉以葬解以輿為衆及謂欲以非
禮厚葬哀公皆非也輿嬖嬖大夫也言輿者掌君之乘車
如晉七輿大夫之類馬陳侯所乘玉陳侯所佩殺馬毀玉
不欲使楚人得之
十年棄德曠宗謂使其宗廟曠而不祀解曰曠空也未當
十二年子產相鄭伯辭於享請免喪而後聽命禮也子產
能守喪制晉人不奪皆為合禮解但得其一偏
十五年福祚之不登叔父焉在言忘其彝器是福祚之不
登惡在其為叔父乎解以為福祚不在叔父當復在誰者
非

十七年夫子將有異志不君君矣日者人君之表不救日食是有無君之心解以為安君之災者非

十八年振除火災振如振衣之振猶火之著于衣振之則去也解以振為棄未當

鄭有他竟望走在晉言鄭有他竟之憂也解謂難與他國為竟者非

二十三年先君之力可濟也先君謂周之先王書言昔我先君文王武王是也解以為劉蚠之父獻公非

二十七年事君如在國當時諸侯出奔其國即別立一君惟魯不敢改昭公雖在外而意如猶以君禮事之范鞅所言正為此也解以為書公行告公至謬矣

三十二年越得歲而吴伐之必受其凶解曰星紀吴越之分也歲星所在其國有福吴先用兵故反受其殃非也吴越雖同歲紀而所入宿度不同故歲獨在越

定五年卒于房房疑即防字古阝字作阜脫其下而為防字漢仙人唐公房碑可證也漢書汝南郡吴房孟康曰本房子國而史記項羽紀封陽武為吴防侯字亦作防

哀六年出萊門而告之故解曰魯郭門也按定九年解曰萊門陽關邑門

十一年為王孫氏傳終言之亦猶夫槩王奔楚為堂谿氏也解曰改姓欲以辟吴禍非

凡邵陸傅三先生之所已辯者不録

考工記註

考工記輪人註曰司農云掣讀如紛容掣參之掣正義曰此蓋有文今檢未得今按司馬相如上林賦云紛溶萷蔘猗柅從風字作萷音蕭宋玉九辯萷櫹槮之可哀兮形銷鑠而瘀傷張衡兩京賦鬱蓊薆薱橚爽櫹槮即此異文而上文既建而迆崇於軫四尺註鄭司農云迆讀為倚移從風之移正義則曰引司馬相如上林賦弓人居幹之道菑栗不迆則弓不發註同疏其上句忘其下句蓋諸儒疏義不出一人之手

爾雅註

爾雅釋詁篇梏直也古人以覺為梏禮記緇衣引詩有覺德行作有梏德行註未引

釋言篇郵過也註道路所經過是以爲郵傳之郵恐非古人以尤爲郵詩賓之初筵是曰既醉不知其郵禮記王制郵罰麗于事國語夫郵而效之郵又甚焉家語芾而麝裘投之無郵漢書成帝紀天著變異以顯朕郵五行志后妾當有失節之郵賈誼傳般紛紛其離此郵兮亦夫子之故也谷永傳卦氣悖亂咎徵著郵外戚傳班倢伃賦猶被覆載之厚德兮不廢捐于罪郵叙傳訊苑扞偃正諫舉郵皆是過失之義列子魯之君子迷之郵者則又以爲過甚之義

文選盧諶贈劉琨詩眷同尤良用乏驥騄李善引杜氏左傳註郵無恤王良也尤與郵古字通

國語註

國語之言高高下下者二周大子晉諫靈王曰四岳佐禹

舊註是也三代改歲不改月

高高下下疏川道滯鍾水豐物謂不墮高不堙卑順其自然之性也申胥諫吳王曰高高下下以罷民於姑蘇謂臺益增而高池益浚而深以竭民之力也語同而意則異

昔在有虞有崇伯鯀據下文堯用殛之於羽山當言有唐而曰有虞者以其事載于虞書

至于玄月王召范蠡而問焉爾雅釋天九月為玄註云魯哀公十六年九月非也當云魯哀公十六年十一月夏之九月

## 楚辭註

九章惜往日寧溘死而流亡兮恐禍殃之有再註謂罪及父母與親屬者非也蓋懷王以不聽屈原而召秦禍今頃襄王復聽上官大夫之譖而遷之江南一身不足惜其如

社稷何史記所云楚日以削數十年竟為秦所滅即原所
謂禍殃之有再者也
大招青春受謝註以謝為去未明按古人讀謝為序儀礼
鄉射禮豫則鉤楹内註豫讀如成周宣榭之榭周禮作序
孟子序者射也謂四時之序終則有始而春受之爾
九思〻丁文兮聖明哲哀平差兮迷惑愚呂傅舉兮殷周
興忌嚭專兮郢吴虚此援古賢不肖君臣各二丁謂商宗
武丁舉傅說者也註以丁為當非

荀子註

荀子案角鹿埵隴種東籠而退耳註云其義未詳蓋皆摧
敗披靡之貌新序第十卷亦言隴種而退今考之舊唐書竇軌傳高祖

謂執曰公之入蜀車騎驃騎從者二十人為公所斬畧盡我龐種車騎未足給公北史李穆傳芒山之戰周文帝馬中流矢驚逸墜地穆下馬以策擊周文背罵曰籠東軍士爾曹主何在爾獨住此蓋周隋時人尚有此語

淮南子註

淮南子詮言訓羿死於桃棓註云棓大杖以桃木為之以擊殺羿自是以來鬼畏桃也說山訓羿死桃部不給射註云桃部地名按部即棓字一人註書而前後不同如此

史記註

秦始皇紀五百石以下不臨遷勿奪爵五百石以下秩卑任淺故但遷而不奪爵其六百以上之不臨者亦遷而不

奪爵也史文簡古兼二事為一條

山鬼固不過知一歲事也其時已秋歲將盡矣今年不驗則不驗矣山鬼豈能知來年之事哉退言曰祖龍者人之先也謂稱祖乃亡者之辭無與于我也皆惡言死之意

始皇崩于沙丘乃又從井陘抵九原（今大同邊外）然後從直道以至咸陽回繞三四千里而歸者蓋始皇先使蒙恬通道自九原抵甘泉塹山堙谷千八百里若徑歸咸陽不果行游恐入疑揣故載轀輬而北行但欲以欺天下雖君父之尸臭腐車中而不顧亦殘忍無人心之極矣

項羽紀搏牛之蝱不可以破蟣虱蝱言蝱之大者能搏牛而不能破蟣喻鉅鹿城小而堅秦不能卒破

鴻門之會沛公但稱羽為將軍而樊噲則稱大王其時羽未王也張良曰誰為大王畫此計者其時沛公亦未王也此皆臣下尊奉之辭史家因而書之今百世之下辭氣宛然如見又如黄歇上秦昭王書先帝文王武王其時秦亦未帝必以書法裁之此不達古今者矣

背關懷楚謂舍關中形勝之地而都彭城如師古之解乃背約非背關也

古人謂倍為二孟子卿祿二大夫秦得百二言百倍也齊得十二言十倍也

孝文紀天下人民未有嗛志與樂毅傳先王以為慊于志同皆厭足之意荀子惆然不慊又曰由俗謂之道盡嗛也

又曰嚮萬物之美而不能嗛也又曰不自嗛其行者言溢過戰國策齊桓公夜半不嗛又曰膳啗之嗛于口並是慊字而誤從口又學此之謂自謙亦慊字而誤從言呂氏春秋苟可以傔劑貌辨者吾無辭為也亦慊字而誤從人

三年復晉陽中都民三歲正義曰晉陽故城在汾陽平遥縣西南此當言中都故城在汾州平遥縣西南言晉陽誤也然此註已見首卷

文帝前后死竇氏妾也諸侯皆同姓謂與甥舅之國可娶索隱解非漢書無此句

十一月晦日有食之漢書多有食晦者蓋置閏朔參差之失其云十二月望日又食此當作月耳

民或祝詛上以相約結而後相謾謂先共祝詛已而欺負

乃相告言也故詔令若此者勿聽治註並非

孝武紀其後三年有司言元宜以天瑞命不宜以一二數一元曰建元二元以長星曰元光三元以郊得角獸一曰元狩云本封禪書是建元〻光之號皆自後追為之而武帝即位之初亦但如文景之元尚未有年號也

天官書殃其對國謂所对之國如漢書五行志所謂歲在壽星其衝降婁左氏傳襄二十八年歲棄其次而旅于明年之次以害鳥帑周楚惡之杜氏解謂失次于北禍衝在南者也

四始者候之日謂歲始也冬〻至日也臘明日也立春日也

正義專指正月旦非也

星隕如雨乃宋閔公之五年言襄公者史文之誤 正義以僖公十五年隕石于宋五註之非也

封禪書成山斗入海謂斜曲入之如斗柄然古人語也匈奴傳漢亦棄上谷之斗辟縣造陽地以予胡又云匈奴有斗入漢地直張掖郡

各以勝日駕車辟惡鬼勝日五行相克之日也索隱非

天子病鼎湖甚湖當作胡鼎胡宮名漢書楊雄傳南至宜春鼎胡御宿昆吾是也三輔黄圖宜春宮在長安城東南杜縣東近下杜御宿苑在長安城南御宿川則鼎湖當在其中間故卒起幸甘泉而行右內史界索隱以為湖縣在今之閿鄉絶遠且無行宮

唯受命而帝心知其意而合德焉按此即謂武帝服虔以為高祖非

奉車子侯暴病一日死死於海上非死於泰山下也索隱所引新論之言殊謬〻

河渠書引洛水至商顏下服虔曰顏音崖〻當作岸漢書古今人表層岸賈作屠顏賈是也師古註謂山領象人之顏額者非其指商山者尤非刘放已辯之

衛世家頃侯厚賂周夷王夷王命衛為侯是頃侯以前之稱伯者乃伯子男之伯也索隱以為方伯之伯雖有詩序旄丘責衛伯之文可據鄭氏箋曰衛康叔封爵侯今曰伯者為川伯周礼九命作伯然非太史公意也且古亦無以方伯之伯而繫謚者周公召公

若後今為此文必于為字上加一是字自明顯矣

二伯也其謚則曰文公康公

楚世家武王使隨人請王室尊吾號王弗聽還報楚〻王怒乃自立為楚武王乃自立為一句為楚武王為一句蓋一言自立為王後謚為武王耳古文簡故連屬言之如管蔡世家楚公子圍弑其王郟敖而自立為靈王衛世家鄭世家皆云楚公子棄疾弑靈王自立為平王司馬穰苴傳至常曾孫和因自立為齊威王又如韓世家晉作六卿而韓厥在一卿之位號為獻子與此文勢正同　劉炫云號為武〻非謚也此說鑿矣項梁立楚懷王孫心為楚懷王尉佗自立為南越武帝此後世事爾

西起秦患北絕齊交則兩國之兵必至此兩國即謂秦齊

也索隱以為韓魏非也
越世家乃發習流二千習流謂士卒中之善泅者別為一軍索隱乃曰放流之罪人非也庾信哀江南賦彼鋸牙而鉤爪又巡江而習流
下者且得罪言欲兵之
趙世家吾有所見子晰也晰者分明之意易大有傳象明辨晢也即此字音折又音制索隱誤以為鄭子晳之晳
魏世家王之使者出過而惡安陵氏於秦安陵氏魏之別封蓋魏王之使過安陵有所不快而毀之于秦也
孔子世家余祗回留之不能去云按玉篇彳部祗除飢切祗徊猶徘徊也然則字本當作祗徊省文為祗回耳今讀

為高低之低失之楚辭九章抽思低佪夷猶宿北姑兮低
一作非

絳侯世家此不足君所乎謂此豈不滿君意乎蓋必絛侯辭色之間露其不平之意故帝有此言而絛侯免冠謝也

建德代侯坐酎金不善元鼎五年有罪國除當云元鼎五年坐酎金不善國除衍有罪二字

梁孝王世家果布車謂微服而行使人不知耳無降服自比褻人之意

伯夷傳其重若彼謂俗人之重富貴也其輕若此謂清士之輕富貴也

管晏傳方晏子伏莊公尸哭之成礼然後去豈所謂見義

不為無勇者邪此言晏子之勇于為義也古人著書引成語而反忘其意者多矣左傳僖九年君子曰詩所謂白圭之玷尚可磨也斯言之玷不可為也荀息有焉言荀息之能不玷其言也後人持論過高以荀息贊獻公立少為失言以晏子不討崔杼為無勇非左氏太史公之指

孫臏傳重　謂以千金射也索隱解以為好射非

批元擣虛索隱曰元言敵人相元拒也非也此與劉敬傳搤其肮之肮同張晏曰喉嚨也下文所謂據其街路是也以敵人所不及備故謂之虛

蘇秦傳前有樓闕軒轅當作軒縣周禮小胥正樂縣之位王宮縣諸侯軒縣註謂軒縣者闕其南面

殊而走說文繫傳曰斷絶分析曰殊謂斷支體而未及死
淮南王傳太子即自剄不殊
樗里子傳今伐蒲入於魏衛必折而從之此文誤當依索
隱所引戰國策文為正
甘茂傳其居于秦累世重矣謂歷事惠王武王昭王
孟子荀卿傳始也濫耳濫者泛而無節之謂犹莊子之洸
洋自恣也註引濫觴之義以為初者非
儻亦有牛鼎之意乎謂伊尹負鼎百里奚飯牛之意藉此
說以干時非有仲尼孟子守正不阿之論也
孟嘗君傳嬰卒謚為靖郭君以號為謚猶之以氏為姓皆
漢初時人語也呂不韋傳謚為帝太后與此同王褒賦幸

得謚為洞簫兮亦是作號字用
平原君傳非以君為有功也而以國人無勲當作一句讀
言非國人無功而不封君獨有功而封也
信陵君傳如姬資之三年謂以資財求客報仇
徒豪舉耳謂特貌為豪傑舉動非真欲求有用之士也
蔡澤傳豈道德之符而聖人所謂吉祥善事者與豈下當
有非字
樂毅傳室有語不相盡以告鄰里謂一室之中有不和之
語乃不自相規勸而告之鄰里此為情之薄矣正義謂必
告者非
魯仲連傳鄒魯之臣生則不得事養死則不得賻襚謂二

國貧小死生之禮不備索隱謂君弱臣強者非
楚攻齊之南陽南陽者泰山之陽孟子一戰勝齊遂有南
陽
賈生傳斡棄周鼎兮而寶康瓠應劭曰斡音筦筦轉也斡
流而遷兮或推而還索隱曰斡音烏活反斡轉也義同而
音異今說文云斡蠡柄也从斗倝声楊雄杜林說皆以為
軺車輪斡烏括切按倝字古案切說文旣云倝声則不得
為烏括切矣顔師古匡謬正俗云声類字林並音管賈誼
服鳥賦云斡流而遷張華勵志詩云大儀斡運皆爲轉也楚
辞云筦維焉繫此義與斡同字即為筦故知斡筦二音不
殊近代流俗音烏活切非也漢書食貨志浮食奇民欲擅

斡山海之貨師古曰斡謂主領也讀與管同

張敖傳要之置〻驛也如曹相國世家取祁善置田橫傳至尸鄉　置之置漢書馮奉世傳嶓磽置亭

淮陰侯傳容容無所倚即顯字

盧綰傳匈奴以為東胡盧王封之為東胡王也以其姓盧故曰東胡盧王

田榮傳榮弟橫收齊散兵得數萬人反擊項羽於城陽正義以為濮州雷澤縣非也漢書城陽郡治莒史記呂后紀言齊王乃上城陽之郡孝文紀言以齊劇郡立朱虛侯章為城陽王而淮陰侯傳言擊殺龍且於淮水上齊王廣亡去信遂追北至城陽皆此地按戰國策貂勃對襄王曰昔王不

能守王之社稷走而之城陽之山中安平君以敝卒七千禽敵反千里之齊當是時闔城陽而王天下莫之能止然為棧道木閣而迎王與后於城陽之山中王乃復反子臨百姓則古齊時已名城陽矣

無不善畫者莫能圖謂以橫兄弟之賢而不能存齊

陸賈傳尉佗廼蹶然起坐謝陸生坐者跪也

數見不鮮意必秦時人語猶今人所謂常來之客不殺雞也賈乃引此以為父之於子亦不欲以恩當時之薄俗可知矣

袁盎傳調為隴西都尉此今日調官字所本調有更易之意猶琴之更張乃調也（張釋之傳十年不得調）如淳訓為選未盡

當再考

扁鵲傳醫之所病〻道少言醫所患〻用其道者少即下文六者是也

倉公傳臣意年盡三年〻三十九歲也按徐廣註高后八年意年二十六當作年盡十三年〻三十九歲也脫十字

孝文本紀十三年除肉刑

武安傳與長孺共一老秃翁謂爾我皆垂暮之年無所顧惜當直言以決此事也索隱以為共治一老秃翁者非

因匈奴犯塞而有衛霍之功故序匈奴於衛將軍驃騎傳之前

南越尉佗傳發兵守要害處按漢書西南夷傳註師古曰要害者在我為要於敵為害也此解未盡要害謂攻守必

争之地我可以害彼彼可以害我謂之害人身亦有要害素問岐伯對黄帝曰脉有要害後漢書來歙傳中臣要害

司馬相如傳其為禍也不亦難矣衍亦字

汲黯傳愚民安知為一句

鄭當時傳高祖令諸故項籍臣名籍謂奏事有涉項王者必斥其名曰項籍也

酷吏傳尸亡去歸葬言其家人竊載尸而逃也謂尸能自飛去怪矣

游俠傳近古延陵孟嘗春申平原信陵之徒皆因王者親屬藉於有土卿相之富厚延陵謂季札以其徧游上國與名卿相結解千金之劍而繫冢樹有俠士之風也

貨殖傳廉吏久〻更富廉賈歸富又曰貪賈三之廉賈五之夫放於利而行多怨廉者知取知予無求多於人義然後取人不厭其取是以取之雖少而久〻更富廉者之所得乃有其五也註非

洛陽街居在齊秦楚趙之中說文街四通道鹽鐵論燕之涿薊趙之邯鄲魏之溫軹韓之滎陽齊之臨淄楚之宛丘鄭之陽翟二周之三川皆為天下名都居五諸侯之衢跨街衝之路

盡椎埋去就與時俯仰推埋當是推移二字之誤

太史公自序申呂肖矣肖乃削字脫其旁耳與孟子魯之削也滋甚義同徐廣註以為痟者非

## 漢書註

漢書叙例顔師古註其所列姓氏鄧展文穎下並云魏建安中建安乃漢獻帝年號雖政出曹氏不得遽名以魏

高帝紀諸侯罷戲下各就國註引一說云時從項羽在戲水之上此說為是蓋羽入咸陽而諸侯自留軍戲下爾他處固有以戲為麾者但云罷麾下似不成文

不因其幾而遂取之訓幾為危未當幾即機字如書若虞機張之機

遺詣相國府署行義年謂書其平日為人之實迹如昭帝紀元鳳元年三月賜郡國所選有行義者涿郡韓福等五人帛宣帝紀令郡國舉孝弟有行義聞於鄉里者各一人

是也刘攽改義為儀謂若今圖貌非

武帝紀元封元年詔用事八神謂東巡海上而祠八神也即封禅書所謂八神一曰天主祠天齊之屬文穎以為祭太一開八通之鬼道者非

天漢元年秋閉城門大搜與二年及征和元年之大搜同皆搜索奸人也非踰侈者也

昭帝紀三輔太常郡得以叔即菽字粟當賦漢時田租本是叔粟今并口筭䄏征之用錢者皆令以叔粟當之其獨行於三輔太常郡者不為獨穀賤傷農亦以減漕三百萬石慮儲偫之之也

元帝紀永光元年秋罷如淳曰當言罷某官某事爛脫失

之是也左傳成二年夏有亦是闕文杜氏解曰失新築戰
事
建昭三年戊巳校尉師古曰戊巳校尉者鎮安西域無常
治處亦猶甲乙丙丁庚辛壬癸各有正位而戊巳四季寄
王故以名官也時有戊校尉又有巳校尉一說戊巳位在
中央今所置校尉處三十六國之中故曰戊巳也百官公
卿表註亦載二說漢官儀曰戊巳中央鎮覆四方又開渠
播種以為厭勝故稱戊巳焉按馬融廣成頌曰校隊案部
前後有屯甲乙相伍戊巳為堅則不獨西域雖平時校獵
亦有部伍也又知其甲乙八名皆有而西域則但置此戊
巳二官爾王莽傳右庚刻木校尉前丙燿金都尉其取名或有所本車師傳置戊巳校

尉屯田居車師故地烏孫傳漢徙已校屯姑墨而後漢書
耿恭傳恭爲戊校尉屯後王部金蒲城謁者閔羅爲己校
尉屯前王柳中城故師古以爲無常治
哀帝紀非赦令也皆蠲除之猶成帝紀言其吏也遷二等
同一文法蓋赦令不可復及故但此一事不蠲除也
王子侯表瓡節侯息城陽頃王子師古曰瓡即瓠字也又
音孤地理志北海郡下瓡侯國師古曰瓡即執字二音不
同而功臣表瓡讘侯杆者師古曰瓡狐同河東郡下作狐
讘又未知即此一字否也
百官表長水校尉掌長水宣曲胡騎師古曰長水胡名也
宣曲觀名胡騎之屯於宣曲者按長水非胡名也如祀志

此駁明明的[illegible]

覇産豊澇泾渭長水以近咸陽盡得此山川祠史記索隠曰百官表有長水校尉沈約宋書云營近長水因名水經云長水出白鹿原今之荆溪水是也

元鳳四年蒲侯蘇昌為大常十一年坐籍霍山書泄祕書免師古曰以秘書借霍山非也蓋籍没霍山之書中有秘記當密奏之而輒以示人故以宣泄罪之耳山本傳言山坐寫祕書顯為上書獻城西第入馬千疋以贖山罪若山之秘書從昌借之昌之罪將不止免官而元康四年昌復為太常譊責昌而厚繩山非法之平也且如顔説當云坐借霍山秘書免足矣何用文之重辞之複乎

建昭三年七月戊辰衛尉李延壽為御史大夫一姓繁師

古曰繁音蒲元反陳湯傳御史大夫繁延壽師古曰繁音蒲胡反蕭望之傳師古音婆谷永傳師古音蒲河反蒲元則音盤蒲胡則音蒲〻河則音婆三音竝見詁末歸一然繁字似有婆音左傳定四年殷民七族繁氏繁音步何反儀禮鄉射禮註今文皮樹為繁豎皮古音婆史記張丞相世家丞相司直繁君索隱曰繁音婆文選繁休伯呂向音步何反則繁之音婆相傳久矣廣韻八戈部中有繁字註曰音薄波切姓也又音煩○此字或作繁玉篇繁字亦音步波步丹二切

律曆志壽王候課比三年下謂課居下也下文言竟以下吏乃是下獄師古註非

食貨志學六甲五方書計之事六甲者四時六十甲子之

類五方者九州嶽瀆列國之名書者六書計者九數讚說
未盡
國匕捐瘠者瘠古胔字謂死而不葬者也婁敬傳徒見羸
胔老弱史記作瘠後漢書彭城靖王恭傳毀胔過禮大戴
礼羸醜以胔皆是瘠字則此瘠乃胔字之誤當從孟康之
說蘇林音清是
課得穀皆多其旁田畮一斛以上蓋墝地乃久不耕之地
地力有餘其收必多所以作代田之法也
天下大氐無慮皆鑄金錢矣無慮猶云無筭言多也
布貨十品師古曰布即錢耳謂之布者言其分布流行也
按本文錢布自是二品而下文復載改作貨布之制安得

謂布即錢乎莽傳曰貨布長二寸五分廣一寸直貨錢二十五今貨布見存上狹下廣而岐其下中有一孔師古當曰貳未之見也

郊祀志文公獲若云于陳倉北坂城祠之其神或歲不至或歲數來也常以夜光煇若流星從東方來集於祠城若雄鷄其声殷云野雞夜鳴如淳曰野鷄雉也呂后名雉改曰野雞五行志天水冀南山大石鳴聲隆隆如雷有頃止埜同野鷄皆鳴師古曰雉也竊謂野鷄者野中之雞耳註狗於荀悅云諱雉之字曰野鷄夫諱恒曰常諱啟曰開史固有言常言開者豈必其皆為恒與啟乎又此文本史記封禪書其上文云有雉登鼎耳雊其下文云公孫卿言見僊

人跡緱氏城上有物如雉往来城上又云縱遠方奇獸飛禽及白雉諸物此二條漢書同並無所諱而漢書地理志南陽郡有雉縣江夏郡有下雉縣五行志王音等上言雉者聽察先聞雷聲則漢固未嘗諱雉也

木寓龍一駟木寓車馬一駟李奇曰寓寄也寄生龍形於木此說恐非古文偶寓通用偶亦音寓木寓木偶也史記孝武紀作木禺馬而韓延壽傳曰賣偶車馬下里偽物者棄之市道古人用以事神及送死皆木偶人木偶馬魯相史晨孔廟後碑云飾治相車馬於瀆上今人代以紙人紙馬又史記殷本紀帝武乙無道為偶人謂之天神索隱曰偶音寓酷吏傳匈奴至為偶人象郅都索隱曰漢書作寓人可以證寓之為偶矣

五行志吴王濞封有四郡五十餘城四當作三古四字積畫以成與三易混猶左傳陳蔡不羹三國之為四國也隱公三年二月己巳日有食之其後鄭獲魯隱按孤讓之戰事在其前乃隱公為太子時此劉向誤說班史因之不必曲為之解

溝洫志内史稻田租挈重挈偏也說文有觢字註云角一俯一仰意同

楚元王傳孫卿師古曰荀況漢以避宣帝諱改之按漢人不避嫌名荀之為孫如孟卯之為芒卯司徒之為申徒語音之轉也

上數欲用向為九卿輒不為王氏居位者及丞相御史所

持故終不遷衍一不字當云輒為王氏居位者及丞相御史所持持者挾制之義而非扶助之解也

李布傳難近謂令人畏而遠之師古以近為近天子為大臣非也

樊噲傳項羽既饗軍士中酒中酒謂酒半也呂氏春秋謂之中飲晉靈公發酒於宣孟宣孟知之中飲而出○戰國策楚王觴張儀中飲再拜而請凡事之半曰中左傳昭公二十八年中置謂饋之半也上云饋之始至下云饋畢之史記河渠書中作而覺謂工之半也呂氏春秋中闌音彎而止謂闌弓弦正半而止也中酒猶今人言半席師古解以不醉不醒故謂之中失之矣司馬相如傳酒中樂酣師古曰酒中飲酒中半也一人註書前後不同

雜俗言處傳應該
附

淮南厲王傳命從者刑之史記作剄之當從剄音相近而訛下文太子自刑不殊又云王自刑殺史記亦皆作剄也

孝先自告反告除其罪按史記無下告字是衍文師古曲為之説

萬石君傳内史坐車中自如固當者反言之也言貴而驕人當如此乎

賈誼傳上數爽其憂謂秦之所憂者在孤立而漢之所憂者在諸侯漢初之所憂者在異姓而今之所憂者在同姓

張敖不反故添一貫高為相句古人文字之密

指遺腹朝委裘而天下不亂必古有是語所謂君薨而世子生者也季桓子命其臣正常曰南孺子之子男也則以

告而立之遺腹之為嗣自人君以至於大夫一也

鄒陽傳宋任子冉之計囚墨翟史記作子罕文穎曰子冉子罕也按子罕是魯襄公時人翟墨在孔子之後子冉當別是一人

秦皇帝任中庶子蒙之言師古曰蒙者庶子名也今流俗本文下輒加恬字非也按史記秦王寵臣中庶子蒙嘉為先言於秦王非蒙恬蒙亦非名傳文脫一嘉字

趙王彭祖傳椎埋即掘冢也新埋者謂之埋師古曰椎殺人而埋之恐非

李廣傳弥節白檀彌與弭同司馬相如傳於是楚王乃弭節俳徊註郭璞曰弭猶低也節所仗信節也

陵當發出塞迺詔彊弩都尉令迎軍言當俟陵出塞之後乃詔博德迎之

蘇武傳陵惡自賜武使其妻賜武牛羊數十頭今人送物與人而托名於其妻者往往有之其謂之賜者陵在匈奴已立為王故也云惡自賜武益嫌於自居其名耳師古註謂若示已於匈奴中富饒以夸武者非

司馬相如傳子虛之賦乃游梁時作當是侈梁王田獵之事而為言耳後更為楚稱齊難而歸之天下則非當日之本文矣若但如今所載子虛之言不成一篇結構

張安世傳無子子安世小男彭祖謂賀無見存之子而以安世小男為子其蚤死之子別有一子乃下文所謂孤孫

霸非無子也

杜周傳吏所增加十有餘萬謂辭外株連之人

張騫傳竟不能得月氏要領古人上衣下裳執裳者執要舉衣者執領

廣陵王胥傳女須泣曰孝武帝下我言孝武帝降憑其身而言

千里馬兮駐待路言神魂飛揚將乘此馬而遠適千里之外張晏註以為驛馬非

嚴助傳臣聞道路言閩越王弟甲弒而殺之即下文所云會閩越王弟餘善殺王以降者也當淮南王上書之時不知其名故謂之甲猶云某甲耳師古曰甲者閩越王弟之

去即弃也乎之去字

名非

朱買臣傳買臣入家中即會稽邸中也邸如今京師之會

館

東方朔傳以劍割肉而去之裴松之註魏志云一人謂藏

為去蘇武傳掘野鼠去屮實而食之師古曰去謂藏之也

楊惲傳廷尉當惲大逆無道者以書中有君父送終之語

梅福傳諸侯奪宗如帝摯立不善崩而堯自唐侯升為天

子是也

梅福傳贊殷鑒不遠夏后所聞謂福引呂霍上官之事以

規切王氏師古註謂封孔子後非

霍光傳張章等言霍氏皆讎有功晉灼曰讎等也非也出

如詩無言不讎之讎詩正義相對謂之讎左傳僖五年無喪而慼憂必讎焉註讎猶對也律歷志廣延宣問以理星度未能讎也鄭德曰相應為讎也郊祀志其方盡多不讎伍被傳贊忠不終而詐讎魏其傳上使御史簿責嬰所言灌夫頗不讎

趙充國傳微將軍誰不樂此者言豈獨將軍苟安貪便人人皆欲為之師古以微字屬上句讀非

辛慶忌傳衛青在位淮南寢謀謂伍被言大將軍數將習兵未易當又言雖古名將不過是為淮南所憚

于定國傳萬方之事大録于君按今所傳王肅註舜典納於大麓曰麓録也納舜使大録萬機之政蓋西京時已有

此解故詔書用之章帝即位以太傅趙熹太尉牟融並錄尚書事
于定國傳贊哀鰥哲獄毛詩禮記凡鰥寡之鰥皆作矜此亦矜之誤哲則折之誤也師古以傳中有哀鰥寡語遂以釋此文而以哲為明哲之哲

龔勝傳勿隨俗動吾冢種柏作祠堂師古曰多設器備恐被發掘為動吾冢非也古人族葬勝冢已自有墓者隨俗人之意更於冢上種柏作祠堂則是動吾冢也蓋以朝代遷革一切飾終之禮俱不欲用

韋賢傳歲月其徂年其逮耇於昔君子庶顯於後孟自言年老慕昔之君子冀令名於後欲王信老成之言而用之也在鄒詩曰既耇且陋則此為孟之自述可知

下從者與載送之下如爰盎傳下趙談之下與之共載復送至其家也

尹翁歸傳高至於死高謂罪名之上者猶言上刑

王尊傳猥被共工之大惡謂御史大夫劾奏尊以靖言庸違象恭滔天

蕭育傳鄠名賊梁子政名賊猶言名王謂賊之有名豪者也師古曰名賊者自顯其名無所避匿言其強也非

宣元六王傳贊貪人敗類大雅桑柔之詩師古註誤以為蕩

張禹傳兩人皆聞知各自得也崇以禹為親之宣以禹為敬之故各自得

翟方進傳萬歲之期近慎朝暮謂宮車晏駕故下文即責
麗以為可移於相也
楊雄傳不知伯僑周何別也謂不知是何王之別子
冠倫魁能〻字當屬上句言為能臣之首
、史書之文中有誤字要當旁證以求其是不必曲為之說
如此傳解嘲篇中欲談者宛舌而固声固乃同之誤東方
朔割名於細君名乃炙之誤有文選可證而必欲訓之為
固為名此小顏之癖也顏氏家訓云穀梁傳益労者曾之
寶刀也（僖元年）有姜仲岳讀刀為力謂公子左右姓益名労
多力之人為國所寶與吾苦諍清河郡守邢時當世碩儒
助吾證之赧然而服此傳割名之解得無類之

儒林傳弟子行雖不備而至於大夫郎掌故以百數謂不必皆有行誼而多顯官

貨殖傳為平陵石氏持錢持錢猶今人言掌財也如氏苴氏皆平陵富人而石氏訾亦次之

游俠傳酒市趙君都賈子光服虔曰酒市中人也非也按王尊傳長安宿豪大猾箭張禁酒趙放晉灼曰此二人作箭作酒之家今按上文有箭張回即張禁也君都亦即放也名偶異耳

佞幸傳朕惟噬膚之恩未忍是取易睽六五厥宗噬膚言貴戚之卿恩未忍絶

匈奴傳孤僨之君僨如左傳張脉僨興之僨倉公傳所謂

病得之欲男子而不可得也
衛律為單于謀穿井築城治樓以藏穀與秦人守之師古
曰秦時有人亡入匈奴者今其子孫尚號秦人非也彼時
匈奴謂中國人為秦人猶今言漢人耳西域傳匈奴縛馬
前後足置城下馳言秦人我匄若馬師古曰謂中國人為
秦人習故言也是矣其言與秦人守者匈奴以轉徙為業
不習守禦凡穿井築城之事非秦人不能為也大宛傳聞
宛城中新得秦人知穿井穴謂中國人後漢書鄧訓傳發湟中秦胡袁紹傳
許賞賜秦胡秦者中國人胡
者胡人猶後人之言蕃漢也
去胡來王唐兜師古曰為其去胡而來降漢故以為王號
非也西域傳婼羌國王號去胡來王

臣知又呼韓邪單于蒙無量之恩其時尚未更名當曰臣囊知牙斯作史者從其後更名録之耳

故印已壞乃云因上書求故印者求更鑄如故印之式去新字而言璽

南粤傳朕高皇帝側室之子師古曰言非正嫡所生非也春秋左氏桓公二年傳曰卿置側室杜解側室衆子也文公十二年傳曰趙有側室曰穿

西域傳康居國王東覊事匈奴言不純臣但覊縻事之與烏孫覊屬意同當用彼註删此註

宜給足不可乏當作可不乏

外戚傳常與死為伍言濵於死

其條刺史大長秋來白之史當作使

丞知是何等兒也言藏之以辨是男非女師古註非

奈何令長信得聞之謂何道令大后聞之

終沒至迺配食於左座謂合葬渭陵配食元帝

王莽傳治者掌寇大夫陳成自免去官蓋先幾而去

自稱廢漢大將軍者自稱漢大將軍也下文云亡漢將軍

今此意自莽言謂之廢漢亡漢耳

會省戶下省戶即禁門也蔡邕獨斷曰禁中者門戶有禁

非侍御者不得入故曰禁中孝元皇后父大司馬陽平侯

名禁當時避之故曰省中

右庶刻木校尉刻克全取金克木

叙傳刘氏承堯之後氏族之世著乎春秋左氏昭公二十九年傳陶唐氏既衰其後有劉累者學擾龍於豢龍氏以事孔甲師古引士會奔秦其處者為刘氏則又其苗裔也彪落洪支謂中山東平之獄服虔以為彘遲王氏非

後漢書註

光武紀今其誰賊而馳鶩擊之乎 註誰謂未有主也非言此何等賊不足煩主上親擊也

敢拘制不還以賣人法從事言此略賣人口律罪之重其法也質帝紀先能通經者各令隨家法註儒生為詩者謂之詩家為禮者謂之礼家非也謂如詩有齊魯韓毛通齊詩者自以齊詩教授通魯詩者自以魯詩教授韓毛及五

經皆然乃所謂家法爾魯丕傳言法異者各令自説師法

徐防傳言伏見太學試博士弟子皆以意説不循今本誤作修家法是也左雄傳註儒有一家之學故稱家法得之矣

安帝紀永初元年九月癸酉調揚州五郡租米贍給東郡濟陰陳留梁國下邳山陽註五郡謂九江丹陽廬江吳郡豫章也揚州領六郡會稽最遠蓋不調也按順帝紀永建四年分會稽為吳郡安帝時未有吳郡止五郡無可疑者註非

馮異遺李軼書苟令長安尚可扶助延期歲月疏不間親遠不踰近季文豈能居一隅哉言季文於更始為親近之臣當在朝秉政豈得居此一隅註失其指反以為疏遠非

景丹傳卿鄉將帥數言我發漁陽上谷兵我聊應言然謂卿鄉將帥有此言我亦聊以此言應之不能必二郡之果來也本文自明註乃謂王即欲發之謬矣

鮑永傳太守趙興歎曰我受漢茅土不能立節而鮑永死之豈可害其子也永字誤當作鮑宣

楊厚傳陰臣近戚妃黨當受禍陰臣謂婦人下文宗阿母是也註陰私也非

郎顗傳思過念咎務消祗悔註祗大也非也按易復初九无祗悔九家本作多古人多祗二字通用論語多見其不知量也正義曰古人多祗同音左傳襄二十九年多見疏也服虔本作祗

朱浮傳自損盛時損當作捐

其所視書奏也不必改作視見霸猶言使霸見之

賈逵傳鄉人有所計爭輒令祝少賓均司馬註云祝詛也爭曲直者輒言敢祝少賓乎非也言敢於少賓之前發誓乎事之如神明也古人文簡爾

鍾離意傳光武得奏以見霸霸侯見當作視古示字作視謂以意奏示霸也

張禹傳祖父況為常山關長會赤眉攻關城按前漢志常山郡之縣十八其十二曰關後漢志無此縣世祖所省也其地當即今之故關建武十五年徙雁門代郡上谷三郡民置常山關居庸關以東

梁節王暢傳今陛下為臣汎活天下汎活猶左氏傳所謂國君含垢

李雲傳當有黃精代見註黃精謂魏氏將興也按雲本不知是魏故下言陳項虞回許氏爾黃之代赤自是五運之序生莽亦自以為祖黃帝也

曹騰傳潁川堂谿趙典等按蔡邕傳作五官中郎將堂谿典註堂谿姓也此文衍一趙字趙典本傳是成都人非潁川靈帝初官衛尉卒又党錮傳云唯趙典名見而已是後漢有二趙典

文選註

阮嗣宗詠懷詩西游咸陽中趙李相經過顏延年註趙漢成帝后趙飛燕也李武帝李夫人也按成帝時自有趙李漢書谷永傳言趙李從微賤專寵外戚傳班倢伃進侍者李平平得幸立為倢伃敘傳班倢伃供養東宮進侍者李

平為倢伃而趙飛燕為皇后自大將軍王鳳薨後冨平定陵侯張放淳于長等始愛幸出為微行〻則同輿執轡入侍禁中設宴飲之会及趙李諸侍中皆引滿舉白談笑大噱史傳明白如此而以為武帝之李夫人何哉

陶淵明詩註

西溪叢語陶淵明詩云聞有田子春節義為士雄漢書燕王刘澤傳云高后時齊人田生游乏資以書干澤〻大悦之用金二百斤爲田生壽田生如長安求事幸謁者張卿諷高后立澤為琅邪王晉灼曰楚漢春秋云田生字子春非也此詩上文云辭家夙嚴駕當往至無終下文云生有高世名既沒傳無窮其為田疇可知矣三國志田疇字子

忝右北平無終人也忝一作春若田生游説取金之人何得有高世之名而為靖節之所慕乎

遂盡介然分終死歸田里是用方望辭隗囂書雖懷介然之節欲潔去就之分

多謝綺與用精爽今何如多謝者非一言之所能盡今人亦有此語漢書趙廣漢為京兆尹常記召湖都亭長西至界上界上亭長戲曰為我多問趙君註多問者言殷勤若今人千萬問訊也

多謝二字亦為通俗常語矣

李太白詩註

李太白飛龍引雲愁海思令人嗟是用梁豫章王綜聽鷄鳴詞雲悲海思徒掩抑胡無人篇太白入月敵可摧是用

北齊書宋景業傳太白與月并宜速用兵二事前人未

註

太白詩有古朗月行又云今人不見古時月王伯厚引抱朴子曰俗士多云今日不及古日之熱今月不及古月之朗是則然矣而又云狂風吹古月竊弄章華臺又曰海動山傾古月摧此所謂古月則明是胡字不得曲為之解也然太白用此亦有所本晉書苻堅載記古月之末亂中州洪水大起健西流此其本也或曰析字之體止當著之讖文豈可以入詩乎藁砧今何在山上復有山古詩固有之矣晉書郭璞傳有姓崇者構璞於
敦而史臣論曰竟斃山宗之謀

誰憐李飛將白首沒三邊昔人譏其以飛將軍翦截為飛

將者然古人自有此語後漢書班勇傳班將能保北虜不為邊害乎後魏唐永正光中為北地太守數與賊戰未嘗敗北時人語曰莫陸梁恐尔逢唐將並以將軍為將海上碧雲斷單于秋色來單于是地名通典麟德元年改雲中都護府為單于大都護府領縣一曰金河有長城有金河李陵臺王昭君墓舊唐書突厥傳車鼻既破之後突厥盡為封疆之臣於是分置單于瀚海二都護單于都護領狼山雲中桑乾三都督蘇農等一十四州新書言磧以北蕃州悉隸瀚海南隸雲中雲中者義成公主所居也頡利滅李靖從突厥嬴破數百帳居之以阿史德為之長衆稍盛即建言願以諸王為可汗遥統之帝曰今可汗古單

于也乃改雲中府為单于大都護府以殷王旭輪即睿宗為單于都護裴行儉傳突厥阿史德温傳及單于管内一十四州並叛應之范希朝傳单于城中舊少樹希朝于他處市柳命軍人種之俄遂成林田歸道傳默啜奏請六胡州及單于都護府之地則天不許回紇傳遣使北求單于兵馬倉粮通鑑註引宋白曰唐振武軍舊單于都護府即漢定襄郡之盛樂縣也在陰山之陽黄河之北後魏所都盛樂是也唐平突厥於此置雲中都督府後改單于府新唐書地理志曰唐之盛時開元天宝之際東至安東西至安西南至日南北至單于府徐九皋詩題曰送部四鎮人往單于崔顥詩題曰送單于裴都護赴西河岑参輪臺即事詩輪臺風物異地是古單于是也

杜子美詩註

寄臨邑舍弟詩徐関深水府　送舍弟穎赴齊州詩徐関東海西徐関在齊境今不可考左傳成公二年齊師敗於鞌齊侯自徐関入十七年齊侯與國佐盟於徐関而復之

行次昭陵詩威定虎狼都註引蘇秦傳秦虎狼之國甚為無理此乃用秦本紀賛據狼弧蹈参伐參為白虎秦之分星也

往者災犹　降蒼生喘未蘇謂武后之禍　指麾安率土蕩滌撫洪鑪謂玄宗再造唐室也本於太宗之遺德在人故詩中及之錢氏謂此詩為天寶乱後作而以鐵馬為石馬以合李義山詩昭陵石馬之說非矣其朝享太廟賦曰弓劔皆鳴汗鑄金之風馬此在未乱以前又將何說况古記有

此事而今失之爾今昭陵六馬見存皆琢石為屏而刻馬於上其文凸起非金馬也乾陵石雁亦然

奉贈韋左丞丈詩殘杯與冷炙到處潛悲辛顏氏家訓古來名士多所愛好惟不可令有稱譽見役勳貴處之下坐以取殘杯冷炙之辱

高都護驄馬行安西都護胡青驄魏書吐谷渾傳吐谷渾嘗得波斯草馬放入海因生驄駒能日行千里世傳青海驄者是也

送蔡希魯還隴右詩涼州白麥枯杜氏通典涼州貢白小麥十石

天育驃騎歌伊昔太僕張景順監牧攻駒閱請峻遂令大

奴守天育別養驥子憐神駿按史言玄宗初即位牧馬有二十四萬匹以太僕卿王毛仲為內外閑廄使少卿張景順副之開元十三年玄宗東封有馬四十三萬匹牛羊稱是上嘉毛仲之功加開府儀同三司是景順特毛仲之副耳今斥毛仲為大奴而歸其功於景順殆以詩人之筆而追黜陟之權乎

哀王孫詩但聞困苦乞為奴南史齊明帝為宣城王遣典籤柯令孫殺建安王子真子真走入牀下令孫手牽出之叩頭乞為奴不許而死

朔方健兒好身手顏氏家訓頃世離亂衣冠之士雖無身手或聚徒衆

大雲寺贊公房詩狾々國多狗韓非子外儲說右上夫國
々有狗有道之士陳其術而欲以明萬乘之主大臣為猛
狗迎而齕之此人主之所以蔽脅而有道之士所以不用
也戰國策江乙以狗喻昭奚恤
晚行口號遠愧梁江總還家尚黑頭劉辰翁評曰人知江
入々自陳入隋不知其自梁時已達官矣自梁入陳自陳入
隋歸尚黑頭其人物心事可知者一梁字而不勝其愧矣
詩之妙如此豈待罵哉按陳書江總傳侯景寇京都詔以
總權兼太常卿臺城陷總避難崎嶇至會稽郡復往廣州
依蕭勃及元帝平侯景徵總為明威將軍始興內史會江
陵陷不行總因此流寓嶺南積歲天嘉四年以中書侍郎

幾還朝以本傳摠之年計之梁太清三年己巳臺城陷總
年三十一自此流離於外十四五年至陳天嘉四年癸未
還朝總年四十五即所謂還家尚黑頭也總集有詒孔中
丞奐詩曰我行五嶺表辭鄉二十年子美遭亂崎嶇略與
總同而自傷其年已老故發此歎爾何暇罵人哉傳又云
京城陷入隋為上開府開皇十四年卒於江都時年七十
六去禎明三年己酉陳亡之歲又已五年頭安得黑乎其
臺城陷而避亂本在梁時自不得蒙以陳代何罵之有且
子美詩有云莫看江總老猶被賞時魚有云管寧紗帽淨
江令錦袍鮮有云江總外家養謝安乘興長亦已並稱之
矣李義山贈杜牧之詩云前身
應是梁江總此又何所譏哉

北征詩君誠中興主經緯固密勿漢書劉向傳引詩密勿從事師古曰密勿猶黽勉

不聞夏殷衰中自誅褒妲不言周不言妹喜此古人互文之妙自八股學興無人解此文法矣

晚出左掖詩騎馬欲雞栖蓋欲效古人敝車羸馬之意後漢書陳蕃傳朱震字伯厚為州從事奏濟陰太守單匡贓罪并連匡兄中常侍車騎將軍超桓帝收匡下廷尉以譴超超詣獄謝三府語曰車如雞栖馬如狗疾惡如風朱伯厚雞栖言車小也余聞之張錦衣紀云唐席豫高郵公楊府君碑銘曰獬豸之角初見觸邪雞棲之車遠聞疾惡

垂老別詩土門壁甚堅杏園度亦難土門在井陘之東今獲

鹿縣西南十里杏園度在衛州汲縣臨河而守以遏賊使不得度
皆唐人控制河北之要地也舊唐書郭子儀自杏園渡河
圍衛州史思明遣薛岌圍令狐彰於杏園李忠臣為濮州
刺史移鎮杏園渡今河南徙而故蹟不可尋矣唐崔峒送
馮將軍詩想到滑臺桑葉落黃河東注杏園秋

秦州雜詩西戎外甥國註引吐蕃表稱外甥為證按冊府
元龜載吐蕃書皆自稱外甥稱上為皇帝舅開元二十一年從公主言
樹碑於赤嶺碑文曰維大唐開元二十一年歲次壬申舅
甥修其舊好全為一家則盟誓之文詔勅之語已載之矣

胡舞白題斜按南史裴子野為著作舍人時西北遠邊有
白題國遣使繇岷山道入貢此國歷代弗賓莫知所出子
野曰漢潁陰侯斬白題將一人服虔註云白題胡名也然

則白題乃是國名〔冊府元龜白題國在滑國東〕而此詩以為白額儻亦
詞家所謂借用者乎
喜聞官軍已臨賊境二十韻家々賣釵釧準擬獻香醪南
史庾杲之傳杲之嘗兼主客郎對魏使魏使問杲之曰百
姓那得家々題名帖賣宅答曰朝廷既欲掃蕩京雒克復
神州所以家々賣宅耳
送鄭虔貶台州司戶詩酒後常稱老畫師旧唐書閻立本
傳太宗嘗與侍臣學士泛舟於春苑池中有異鳥隨波容
與乃召立本令寫鳥閣外傳呼云畫師閻立本
寄岳州賈司馬六丈巴州嚴八使君詩賈筆論孤憤嚴君
賦幾篇是用史記賈誼至長沙弔屈原事漢書藝文志嚴

陶侃胡奴另有事

助賦三十五篇
古人經史皆是寫本久客四方未必能攜一時用事之誤自所不免後人不必曲為之諱子美寄岳州賈司馬六丈巴州嚴八使君詩弟子貧原憲諸生老伏虔本用濟南伏生事伏生名勝非虔後漢有服虔非伏也示獠奴阿段詩曾驚陶侃胡奴異蓋謂士行有胡奴可比阿段胡奴侃子範小字非奴也又如上兜率寺詩何顒好不忘當是周顒見葉少蘊避暑錄話
佐還山後寄詩分張素有期後魏高允徵士頌在者數子仍復分張北史蠕蠕阿那瓌言老母在彼萬里分張後周庾信傷心賦兄弟則五郡分張父子則三州離散
蜀相詩三顧頻繁天下計入衡州詩頻繁命屢及蜀志費

禘傳以奉使稱旨頻繁至吳晉書刑法志詔旨使問頻繁山濤傳手詔頻繁文選庾亮讓中書令表頻繁省闥出總六軍潘尼贈張正治詩張生拔幽華頻繁登二宮陸雲夏府君誄頻繁帷幄答兄平原書錫命頻繁惟費禕山濤二傳作頻盖後人減筆書爾

題郭明府茅屋詩頻驚適小國左傳僖公七年楚文王戒申侯無適小國

送李卿詩上四句謂李卿下四句乃公自道晉山雖自樂是用介之推入緜上山中事

傷春詩大角纏兵氣後漢書董卓傳贊天延王輅兵纏魏象

鉤陳出帝畿水經注紫微有鉤陳之宿主鬬訟兵陳

耆舊把天衣南齊書輿服志袞衣漢世出陳留襄邑所織宋末用繡及織成齊建武中乃彩畫爲之加飾金銀薄時亦謂爲天衣梁庾肩吾和皇太子重雲殿受戒詩天衣初拂石豆火欲然薪唐姚元景光宅寺造佛像讚姜被承歡日天衣而下拂

贈王二十四侍御詩女長裁褐穩男大卷書勻南齊書張融傳與從叔征北將軍永書曰世業清貧民生多待榛栗棗修女贄既長束帛禽鳥男禮已大勉自就官十年七仕不欲代耕何至此事

八哀詩長安米萬錢漢書高帝紀關中大飢米斛萬錢食

貲志來至石萬錢

觧悶詩何人為覓鄭瓜州公自註今鄭秘監審刘辰翁曰国金陵有瓜州號鄭瓜州謬甚按瓜州唐時屬潤州非金陵（別有考在第二十卷）且具字作洲非州也本文並無金陵即令秘監流寓金陵遂可以二百里外江中之一洲為此君之名號乎唐書地理志瓜州晉昌郡下都督府武德五年析沙州之常樂置屬隴右道蕭嵩傳開元十五年吐蕃陷瓜州執刺史田元献以嵩為兵部尚書河西節度使嵩奏以張守珪為瓜州刺史修築州城招輯百姓令其復業張守珪傳以戰功加銀青光禄大夫仍以瓜州為都督府以守珪為都督岑參贈宇文判官詩君從萬里使聞已到瓜州

蓋必鄭審嘗官此州故以是稱之今不可考矣

夔府書懷詩蒼生可察眉列子晉國苦盜有郄雍者能視盜之貌察其眉睫之間而得其情

觀公孫大娘弟子舞劍器行序記前郾城觀公孫氏舞劒器渾脫舊唐書郭山惲傳中宗引近臣宴集作大匠宗晉卿舞渾脫胡三省註通鑑　演以為舞中宗神龍二年三月并州清源縣尉呂元泰上疏言比見都邑坊市相承為渾脫駿馬胡服名為蘇莫遮非雅樂也

遺懷詩元和辭大鑪楊雄解難陶冶大鑪

秋興詩直北關山金鼓震史記封禪書遂因其直北立五帝壇

波深菰米沈雲黑梁庾肩吾奉和皇太子納涼梧下應令
詩黑米生菰葉青花出稻苗
久居夔府將適江陵四十韻擺闔盤渦沸鬼谷子有捭闔
篇捭擺古今字
哭李尚書詩奉使失張騫舊唐書蔣王惲傳惲孫之芳幼
有令譽頗善五言詩宗室推之開元末為駕部員外郎天
寶十三載安祿山奏為范陽司馬祿山反自拔歸西京授
右司郎中歷工部侍郎太子右庶子廣德元年遣之芳兼
御史大夫使吐蕃留境上二年而歸除禮部尚書尋改太
子賓客

秋色凋春艸王孫若箇邊五臣註文選招隱士曰屈原與楚同姓故云王孫

宴王使君宅詩留歡卜夜閑〻字當從月甫父名閑自不須諱此閒字說文閒隙也閒暇之閒本從隙生義秪是一字至日遣興詩朱衣只在殿中閒音閑異字同

韓文公詩註

文公游青龍寺贈崔大補闕詩側身酸腸難濯澣是用詩柏舟如匪澣衣秋懷詩感〻抱虗警是用陸士衡歎逝賦節循虗而警立註皆不及

通鑑註

賦於民而食人二雞子賦於民而食者取之於民也人二

雞子者每人令出二雞子也胡氏不註

幾能令藏三耳矣言殆令人以為實有三耳

漢武帝太初三年膠東太守延廣為御史大夫註延廣史逸其姓按延郎姓也三十九卷南鄭人延岑註延姓岑名四十五卷有京兆尹南陽延篤

諸葛亮出師表云後值傾覆受任於敗軍之際奉命於危難之間爾來二十有一年矣所謂敗軍乃當陽長坂之敗具云奉命則求救於江東也註乃云事見上卷文帝黄初四年非

虞翻作表示呂岱為愛憎所白語出吳書、註曰讒佞之人有愛有憎而無公是非故謂之愛憎愚謂愛憎々也言憎而並及愛古人之辭寬緩不迫故也又如得失〻也史記刺客傳多人不能無生得失利害〻也史記吳王濞傳擅兵而別多佗利害緩急急也史記倉公傳緩急無可使者游俠傳緩急人之所時有也成敗敗也後漢書何進傳先帝嘗與太后不快幾至成敗同異〻也吳志孫皓傳注蕩異同如反掌晉書王彬傳江州當人强盛時能立異同嬴縮〻也吳志諸葛恪傳一朝嬴縮人情萬端禍福禍也晉歐陽建臨終詩潛圖密已構成此禍福端皆此類

庾亮出奔左右射賊誤中拖工應弦而倒船上咸失色欲散亮不動徐曰此手何可令著賊註曰言射不能殺賊而反射殺拖工自恨之辭也非也亮意蓋謂有此善射之手

使著賊身亦必應弦而倒耳解嘲之語也

宋明帝泰始三年沈文秀攻青州刺史明僧暠帝遣輔國將軍劉懷珍浮海救之進至黔陬文秀所署長廣太守劉桃根將數千人戍不其城懷珍軍於洋水遣王廣之將百騎襲不其城拔之註云洋水即巨洋水拔不其城在今即墨縣西南而巨洋水乃今之巨蔑河在臨朐益都壽光三縣之境與黔陬不其相去三四百里安能以百騎而襲取之乎水經注云拒艾水出黔陬縣西南拒艾山又謂之洋洋水州志曰洋河在州南三十里發源鐵橛山東流入於海此即懷珍所屯軍處耳

梁武帝大通二年魏爾朱榮欲討山東羣盜請勅蠕蠕之主

阿那瓌發兵東趣下口以躡其背註云下口蓋指飛狐口非也此即居庸下口一百六十六卷註曰幽州軍都縣西北有居庸關灅餘水出上谷沮陽縣之東南流出關謂之下口

周主從容問鄭譯曰我脚杖痕誰所為也對曰事由烏丸軌宇文孝伯謂由此二人也下云因言軌將覆事亦是譯言之也故軌見殺而孝伯亦賜死註以宇文孝伯屬下讀而云孝伯何為出此言誤矣

突厥立刘武周為定楊可汗註云將使之定揚州非也楊者隋姓下條云刘武周為定楊天子郭子和為平楊天子猶言定隋平隋爾楊字从木

武后永昌元年二月丁酉尊魏忠孝王曰周忠孝太皇妣曰忠孝太后文水陵曰章德陵咸陽陵曰明義陵註云武氏之先葬文水士彠及其妻葬咸陽非也后父士彠葬文水母楊氏葬咸陽後章德改名昊陵明義改名順陵其碑文云然

劉肅大唐新語中宗宴興慶池侍宴者並唱迴波詞給事中李景伯歌曰迴波詞持酒卮微臣職在箴規侍宴既過三爵諠譁竊恐非儀首二句三言下三句六言蓋迴波詞體也。通鑑作迴波爾時酒卮恐傳寫之誤

迴波詞首句六字如迴波爾時佺期之類亦須要細考

唐穆宗長慶元年劉總奏分所屬為三道以幽涿營為一道平薊嬀檀為一道瀛莫為一道註云營州治柳城道里

絶遠列總奏以為一道必有説按唐書地理志營州柳城
郡萬歲通天元年為契丹所陷聖曆二年僑治漁陽開元
五年又還治柳城意者中唐之世復僑治於幽薊之間而
史家自天寶亂後於東北邊事略而不詳故今無所考耶

李茂貞不敢稱帝但開岐王府置百官名其所居為宮殿
妻稱皇后註曰自為岐王而妻稱皇后妻之貴踰於其夫
矣竊謂此事理之所不然皇后乃王后之誤

後漢高祖紀吳越丙寅指揮使諸温註漢書地理志琅邪
郡有諸縣蓋以邑為氏也非按越有大夫諸稽郢

周太祖廣順元年慕容彦超遣使入貢帝慮其疑懼賜詔
慰安之曰今兄事已如此言不欲繁望弟扶持令安億兆

令兄者太祖自謂也事已至此謂為衆所推而即帝位也觀下文稱之為弟語意相對可知註以漢祖為彥超之兄改作令兄者非

日知録卷之二十九

拜稽首

古人席地而坐引身而起則為長跪首至手則為拜手手至地則為首至地則為稽首此禮之等也君父之尊必用首拜而後稽首此礼之漸也必以稽首終此禮之成也今大明會典曰後一拜叩頭成禮此古之遺意也

古人以稽首為敬之至周禮太祝辨九𢷎一曰稽首註稽首拜中最重臣拜君之禮〻記郊特牲大夫之臣不稽首非尊家臣以避君也左傳禧公二十三年秦伯享晉公子重耳公賦六月公子夅拜稽首公降一級而辭焉襄公三年盟于長樗公稽首知武子曰天子在而君辱稽首寡君

懼矣二十四年鄭伯如晉鄭伯稽首宣子辭子西相曰以陳國之介恃大國而陵虐於敝邑寡君是以請罪焉敢不稽首哀公十七年盟于蒙齊侯稽首公拜齊人怒孟武伯曰非天子寡君無所稽首國語襄王使召公過及內史過賜晉惠公命晉侯執玉卑拜不稽首內史過歸以告王曰執玉卑替其贄也拜不稽首誣其上也贄替無鎮誣王無民可以見稽首之為重也自敵者皆從頓首李陵報蘇武書稱頓首

陳氏礼書曰稽首者諸侯於天子大夫士於其君之礼也然君於臣亦有稽首書稱太甲稽首於伊尹成王稽首於周公是也大夫於非其君亦有稽首儀礼公勞賓賓再拜

稽首勞介介再拜稽首是也蓋君子於禮於其所敬者無所不用其至則君稽首於其臣者尊從也大夫士稽首於非其君者尊主人也春秋之時晉穆嬴抱太子頓首於趙宣子魯季平子頓首於叔孫則頓首非施於尊者之禮也禮書以頓首為首頓於手而已

荀子曰平衡曰拜下衡曰稽首至地曰稽顙似未然古惟祭禮始用稽顙蓋以頭觸地其甫稽首乃有容無容之別

稽首俗所謂叩頭稽[illegible]拜俗所謂[illegible]是也

稽首頓首

今表文皆云稽首頓首蔡邕獨斷漢承秦法羣臣上書皆言昧死言王莽盜位慕古法去昧死曰稽首光武因而不改朝臣曰稽首頓首非朝臣曰稽首再拜

## 百拜

百拜字出樂記古人之拜如今之鞠躬故通計一席之間賓主交拜近至於百註云壹獻士飲酒之禮百拜以喻多是也徐伯魯曰按鄉飲酒礼無百拜此特甚言之耳若平礼止是一拜再拜郎人臣於君亦止再拜孟子以君命將之再拜稽首而受是也禮至末世而繁自唐以下即有四拜大明會典四拜者百官見東宮親王之禮其見父母亦行四拜礼其餘官長及親戚朋友相見止行兩拜禮是四拜唯於父母得行之今今書狀動稱百拜何也

古人未有四拜之禮唐李涪刊誤曰六郊天祭地立於再拜其礼至重尚不可加今代婦謁姑章其拜必四詳其所

自初則再拜次則跪獻衣服文史承其筐篚則跪而受之常於此際授受多誤故四拜相屬耳戰国策蘇秦路過雒陽嫂蛇行匍伏四拜自跪而謝此四拜之始蓋因謝罪而加拜非礼之常也黄庭経十讀四拜朝太上亦是加拜今人上父母書用百拜亦為無理若以古人之拜乎則古人必稽首然後為敬而百拜僅賓主一日之禮非所施於父母若以今人之拜乎則天子止於五拜而又安得百也此二者過猶不及明知其不然而書之此以僞事其親也洪武二年上谕中書省臣曰今人書劄多稱頓首再拜百拜皆非實禮其定為儀式令人遵守於是禮部定儀凡致書於尊者稱端肅奉書荅則稱端肅奉復敵已者稱奉書

奉復亡之與下稱書寄〻書答卑幼與尊長則曰家書敬復尊長與卑幼則曰書付某人

九頓首三拜

九頓首出春秋傳然申包胥元是三頓首未嘗九也杜註無衣三章〻三頓首每頓首必三此亡國之餘情至迫切而變其平日之禮者也七日夜哭於鄰国之庭古人有此禮乎七日哭也九頓首也皆亡國之禮也不可通用也韓之戰秦獲晉侯晉大夫三拜稽首古但有再拜稽首無三拜也申包胥之九頓首晉大夫之三拜也

楚語湫舉遇蔡聲子降三拜納其乘馬亦亡人之禮也

周書宣帝記詔諸應拜者皆以三拜成禮後代変而彌增

古以右為上即此義也故東西南隅為奧

則有四拜不知天元自擬上帝凡冕服之類十二者皆增為二十四而笏梃人亦以百二十為度名曰天杖然未有四拜也

東向坐

古人之坐以東向為尊故宗廟之祭太祖之位東向即交際之禮亦賓東向而主人西向（漢書注如淳曰君臣位南北面賓主位東西面）新序楚昭奚恤為東面之壇一秦使者至昭奚恤曰君客也請就上位是也史記趙奢傳言括東向而朝軍吏田單傳言引卒東鄉坐師事之淮陰侯傳言得廣武君東向坐西鄉對師事之王陵傳言項王東鄉坐陵母周勃傳言每召諸生說士東鄉坐責之趣我為語田蚡傳言召客飲坐其

兄蓋侯南鄉自坐東向以為漢相尊不可以兄故私橈南越傳言王太后置酒請使者皆東鄉漢書蓋寬饒傳言許伯請之迺往從西階上東鄉特坐楼護傳言王邑父事護時請召賓客邑居樽下稱賤子上壽坐者百數皆離席伏護獨東向正坐字謂邑曰公子貴如何後漢書鄧禹傳言顯宗即位以禹先帝元功拜為太傅進見東向桓榮傳言乘輿嘗幸太常府令榮坐東面天子親自執業皆待以賓師之位此皆東向之見於史者曲禮主人就東階客就西階自西階而升故東鄉自東階而升故西鄉而南鄉特其旁位如廟中之昭故田蚡以處蓋侯也

孝文紀西鄉讓者三南鄉讓者再註賓主位東西面君臣

位南北面是時羣臣至代邸上議則代王為主人故西鄉

鄉

舊唐書盧簡求子汝弼為河東節度副使府有龍泉亭簡求節制時手書詩一章在亭之西壁汝弼復為亞帥每亭中讌集未嘗居賓位西向俛首而已是唐人亦以東向為賓位也

坐

古人席地而坐西漢尚然漢書雋不疑傳登堂坐定不疑據地曰竊伏海濱聞暴公子威名舊矣是也

古人之坐皆以兩膝著地有所敬引身而起則為長跪矣史記范雎傳言秦王跽而請秦王復跽而稱先生補梁孝

王世家帝與梁王俱侍坐太后前太后謂帝曰吾聞殷道親親周道尊尊其義一也帝跪席舉身曰諾是也禮記坐皆訓跪三國志注引高士傳言管寧嘗坐一木榻積五十餘年未嘗箕股其榻上當膝處皆穿以此

○土炕

北人以土為牀而空其下以發火謂之炕古書不載詩瓠葉傳炕火曰炙正義曰炕舉也謂以物貫之而舉於火上以炙之宋寺人柳熾炭于位將至則去之新序宛春謂衛靈公曰君衣狐裘坐熊席陬隅有竈漢書蘇武傳鑿地為坎置熅火是蓋近之而非炕也庾信小園賦管寧藜牀雖穿而可坐嵇康鍛竈既煖而堪眠舊唐書東夷高麗傳冬月皆作長坑下然熅火以取煖此即今人之土炕也但作坑字作

北方人呼地炕也

抗字

水經注土垠縣有觀雞寺寺內有大堂甚高廣可容千僧下悉結石為之上加塗墍基內疏通枝經脉散基側室外四出爨火炎勢內流一堂盡溫此今人煖房之制形容盡之矣

○冠服

漢書五行志曰風俗狂慢變節易度則為剽輕奇怪之服故有服妖余所見五六十年服飾之變亦已多矣卒至於裂冠毀冕而戎制之故錄其所聞以視後人焉

豫章漫抄曰今人所戴小帽以六瓣合縫○下綴以簷如筩○閣憲副閑謂予言亦太祖所制若曰六合一統云爾○楊維

禎廉夫、以方巾見太祖○問其製○對曰四、方平定巾○上喜令
士人皆得戴之商文毅、用自編民亦以此巾見
太康縣志曰國初時衣衫褶前七後八弘治間上長下短
褶多正德初上短下長三分之一士夫多中停冠則平頂
高尺餘士夫不減八九寸嘉靖初服上長下短似弘治時
市井少年帽尖長俗云邊鼓帽弘治間婦女衣衫僅掩裙
腰富者用羅緞紵絹織金彩通袖裙用金彩膝襴髻高寸
餘正德間衣衫漸大裙褶漸多衫唯用金彩補子髻漸高
嘉靖初衣衫大至膝裙短褶少髻高如官帽皆鐵絲胎高
六七寸口周回尺二三寸餘
内丘縣志曰萬曆初童子髮長猶總角年二十餘始戴網

天啓間則十五六便戴網不使有總角之儀矣萬曆初庶民穿腃靸儒生穿雙臉鞋非鄉先生首戴忠靖冠者不得穿廂邊雲頭履（俗呼朝鞋）至近日而門快輿皁無非雲履醫卜星相莫不方巾又有晉巾唐巾樂天巾東坡巾者先年婦人非受封不敢戴梁冠披紅袍繫拖帶今富者皆服之又或著百花袍不知創自何人萬曆間遼東興治服五彩炫爛不二十年而淪於虜兹花袍幾二十年矣服之不衷身之災也兵荒之咎其將不遠與

衩衣

通鑑唐僖宗乾符元年王凝崔彦昭同舉進士凝先及第嘗衩衣見彦昭衩楚懈反廣雅稍袺袛謂之襀衩一曰襌

衣李義山詩芙蓉作裙衩又曰裹衩芙蓉小

○對襟衣

太祖實録洪武二十六年三月禁官民步卒人等服對襟衣唯騎馬許服以便於乘馬故也其不應服而服者罪之罪之

今之罩甲○即對襟衣也○戒庵漫筆云罩甲之制比甲稍長比襖減短正德間創自武宗近日士大夫有服者按說文無袂衣謂之精趙宦光曰半臂衣也○武士謂之蔽甲方俗謂之蔽襖小者曰背子即此製也魏志楊阜傳阜嘗見明帝嘗著帽被縹綾半袖問帝曰此於禮何法服也則當時已有此製

此製廿年前多有服之者今少矣其名為齊肩褂又曰鷹膀褂僅數婦女猶多服之謂之背心

胡服

自古承平日久風氣之來必有其漸而變中夏為夷狄未必非一二好異之徒啟之也春秋傳僖公二十二年初平王之東遷也辛有適伊川見被髮而祭於野者曰不及百年此其戎乎其禮先亡矣秋秦晉遷陸渾之戎於伊川後漢五行志靈帝好胡服胡帳胡牀胡坐胡飯胡箜篌胡笛胡舞京都貴戚皆競為之其後董卓多擁胡兵塡塞街衢虜掠宮掖發掘園陵晉書五行志泰始之初中國相尚用胡牀貊槃及為羌煮貊炙貴人富室必畜其器吉享嘉會皆以為先太康中又以氈為絈頭及絡帶袴口百姓相戲曰中國必為胡所破夫氈毳產於胡而天下以為絈頭帶

身袴口胡既三制之矣能無敗乎至元康中氐羌互反永
嘉後劉石遂篡中都自後四夷迭據華土是服妖之應也
大唐新語武德貞觀之代宮人騎馬者依周禮舊儀多著
羃羅雖發自戎衣而全身障蔽永徽之後皆用帷帽施裙
到頸甚爲淺露顯慶中册府元龜咸亨二年九月詔曰百官家口咸預
士流至於衢路之間豈可全無障蔽比來多著帷帽遂棄
羃羅曾不乘車只坐檐子過於輕率深失禮容宜行禁止
神龍之後羃羅殆絶開元初宮人馬上始著胡帽靚粧露
面士庶咸效之天寶中士流之妻或衣丈夫服靴衫鞭帽
内外一貫矣唐書車服志武德間婦人曳履及線靴開元
中初有線鞋侍兒則著履奴婢服襴衫而士女衣胡服其

後安祿山反當時以為服妖之應禮樂志玄宗好羯鼓嘗稱為八音之領袖諸樂不可方也蓋本戎羯之樂其音太簇一均龜茲高昌疏勒天竺部皆用之其聲焦殺特異衆樂開元二十四年升胡部於堂上而天寶樂曲皆以邊地名若涼州伊州甘州之類後又詔道調法曲與胡部新聲合作明年安祿山反涼州伊州甘州皆陷吐蕃元微之詩自註太常丞宋沆傳漢中王舊說云玄宗雖雅好度曲然未嘗使蕃漢雜奏天寶十三載始詔道調法曲與胡部新聲合作識者異之明年祿山叛此皆已事之見於史書者也嗚呼可不戒哉

冊府元龜後漢高祖天福十二年左衛將軍許敬遷奏臣伏見天下鞍轡器械竝取契丹樣裝飾以為美好安有中國之人反效戎虜之俗請下明詔毀棄須依漢境舊儀勑

曰近者中華人情浮薄不依漢禮却慕胡風果致狂戎来侵諸夏應有契丹樣鞍轡器械服裝等並令逐處禁斷

宋乾道二年臣僚言臨安府風俗好為胡樂如吹鷓鴣撥胡琴作胡舞所在而然傷風敗俗不可不懲望檢坐紹興三十一年指揮嚴行禁止

太祖實錄初元世祖起自朔漠以有天下悉以胡俗變易中國之制士庶咸辮髮椎髻深簷胡帽衣服則為袴褶窄袖及辮線腰褶婦女衣窄袖短衣下服裙裳無復中國衣冠之舊甚者易其姓字為胡名習胡語俗化既久恬不為怪上久厭之洪武元年二月壬子詔復衣冠如唐制士民皆束髮於頂官則烏紗帽圓領袍束帶黑鞾士庶則服四

遺白軒

帶巾洪武三年二月製四方平定巾改褋色盤領衣不得用黄玄樂工冠
青卍字頂巾繫紅綠帛帶士庶妻首飾許用銀鍍金耳珠
用金珠釧鐲用銀服淺色團衫用紵絲綾羅紬絹其樂妓
則帶明角冠皁褙子不許與庶民妻同不得服兩截胡服
其辮髮椎髻胡服胡語胡姓一切禁止斟酌損益皆斷自
聖心於是百有餘年胡俗悉復中國之舊矣
英宗實録正統七年十二月禮部尚書胡濙等奏向者山
東左參政沈固言中外官舍軍民戴帽穿衣習尚胡制語
言跪拜習學胡俗垂纓插翎尖頂禿袖以中國之人效夫
戎之服忘貴從賤良為可耻昔北魏本胡人也遷雒之後
尚禁胡俗況聖化度越前古豈可使無知小民效尤成習

今山東右參政刘璉亦以是為言請令都察院出榜俾巡按監察御史嚴禁從之

河間府志陳士彥曰今河間男子或有左衽者而婦人尤多至於孺子環狐狗之尾以為冠而身被毛革以為服謂之達粧（阮漢聞言中州之人亦然）夫被髮野祭辛有卜其為戎晉太康中俗以氈為絈頭及絡帶袴口彼此互相嘲戲以為胡兒未幾劉石之变遂起此書作於萬曆四十三年不二朞而遼東之難作矣至於今日胡服縵纓咸為戎俗高冠重履非復華風（梁敬帝詔云）有識之士得不悼其横流追其亂本哉

左衽

宋周必大二老堂詩話云陳益為奉使金國屬官過滹沱

遺白軒

今時之衣亦有者

衽亦左衽左

光武廟見塑像左衽岳珂桯史云至漣水宣聖殿像左衽泗州塔院設五百應真像或塑或刻皆左衽此制蓋金人爲之迄於國初而未盡除其見於實錄者永樂八年撫按山東給事中王鐸之奏宣德七年河南彰德府林縣訓導杜奉之奏正統十三年山西絳縣訓導張幹之奏屢奉明旨而未即改正信乎夷狄之難革也

喪大記小斂大斂祭服不倒皆左衽註左衽衽鄉左反生時也正義曰衽衣襟也生鄉右左手解抽帶便也死則襟鄉左示不復解也是則死而左衽者中國之法生而左衽乃戎狄之製耳

行縢

詩邪幅在下箋云邪幅如今行縢也偪束其脛自足至膝左傳帶裳幅舄註同亦作偪禮記偪屨著綦釋名偪所以自逼束今謂之行縢言以裹脚可以跳騰輕便也戰國策蘇秦羸縢負書擔橐吳志呂蒙為兵作絳衣行縢舊唐書德宗入駱谷值霖雨道塗險滑衛士多亡歸朱泚東川節度使李叔明之子昇及郭子儀之子曙令狐建之子彰等六人恐有姦人危乘輿相與齧臂為盟著行縢釘鞵更鞚上馬以至梁州它人皆不得近及還京師上皆以為禁衛將軍寵遇甚厚

古人之韈大抵以皮為之春秋左氏傳註曰古者臣見君解韈既解韈則露其邪幅而人得見之采菽之詩所以為

遺白軒

遺

詠今之村民往往行縢而不韈者古人之遺制也吳質郜為人美容止坐常著襪始从衣字布見其足則漢魏之世不襪而見足者多矣

## 樂府

樂府是官署之名。其官有令有音監有游徼漢書張放傳使大奴駿等四十餘人羣黨盛兵弩白晝入樂府攻射官寺霍光傳奏昌邑王大行在前殿發樂府樂器後漢書律曆志元帝時郎中京房知五聲之音六十律之數上使太子太傅韋玄成諫議大夫章雜試問房于樂府是也後人乃以樂府所采之詩。即名之曰樂府。誤矣。曰古樂府尤誤。後漢書馬廖傳言哀帝去樂府註云哀帝即位詔罷鄭衛之音減郊祭及武樂等人數是亦以樂府所肄之詩即名

之樂府也

## 寺

今人但知寺為浮屠之名不知其為奄豎之名官府之署矣

寺字自古至今凡三變○三代以上凡言寺者皆奄豎之名○周禮寺人註寺之言侍也詩云寺人孟子易之閽寺詩之婦寺左傳寺人貂寺人披寺人孟張寺人惠牆伊戾寺人柳寺人羅皆此也崔杼使圉人駕寺人御而出自秦以宦者任外廷之職而官舍通謂之寺○說文寺廷也有法度者也此亦是漢時辭耳漢人以太常光祿勲衛尉太僕廷尉大鴻臚宗正大司農少府為九寺○又御史府亦謂之御史大夫寺漢書元帝紀註師古曰凡府庭所在皆謂之寺風俗通曰寺司也唐書楊收傳收制總羣官而聽曰省分務而專治曰寺諸府所止皆曰寺後漢書安帝紀王太后幸雒陽寺及若盧獄録囚徒註寺官舍也張湛傳告歸平陵望寺門而步註寺門即平陵縣門也樂恢傳父為縣吏得罪於令恢年十一常俯伏寺門

吳志凌統傳亦云過本縣步入寺門又變而浮屠之居亦謂之寺矣石林燕語漢以來九卿官府皆名曰寺鴻臚其一也本以待四夷賓客明帝時攝摩騰竺法蘭自西域以白馬負經至舍於鴻臚寺既死尸不壞因留寺中後遂以為浮屠之居即雒中白馬寺也僧居稱寺本此

## 省

十三布政使司今人謂之十三省者沿元之舊而誤稱之也元時為行中書省者十一曰遼陽等處曰鎮東曰陝西等處曰四川等處曰河南江北等處曰雲南等處曰江浙等處曰江西等處曰湖廣等處曰甘肅等處曰嶺北等處國初沿元制立行中書省洪武七年以京畿應天等府直隸六部改行中書省為布政使司今當稱十三布政司不當稱省

職官受杖

撞郎之事始於漢明後代因之有杖屬官之法曹公性嚴掾屬公事往往加杖魏略韓宣以當受杖豫脫袴纏褌面縛宋劉道錫為廣州刺史杖治中荀齊文垂死魏劉仁之監作晉陽城杖前殷州刺史裴瑗并州刺史王綽隋文帝詔諸司論屬官罪有律輕情重者聽於律外斟酌决杖燕榮為幽州總管元弘嗣除長史懼辱固辭上知之勑榮曰弘嗣杖十已上罪皆奏聞榮忿曰豎子何敢弄我乃遣弘嗣監納倉粟颺得一糠一粃皆罰之每笞不滿十然一日中或至三數杜子美送高三十五詩脫身簿尉中始與捶楚辭唐時自簿尉以上郎不加捶楚優於南北朝多矣

黃氏日抄讀韓文公贈張功曹詩云判司卑官不堪說未免捶楚塵埃間通鑑註唐謂州曹諸司今軍為判司然則唐之判司簿尉類然與然唐人之待卑官雖嚴而卑官猶得以自申其法如劉仁軌為陳倉尉擅殺折衝都尉魯寧是也我朝判司簿尉以待新進士而莞庫監當不以辱之視唐重矣乃近日上官若役苛責甚於奴僕官之辱法之屈也此事關繫世道

唐自中興以後杖決之行即不止於簿尉張鎬杖殺豪州刺史閭丘曉嚴武杖殺梓州刺史章彝韓皋杖殺安吉令孫澥柳仲郢杖殺南鄭令權寀劉晏為觀察自刺史六品以下得杖而後奏則著之於令矣宋史理宗淳祐二年三

月詔令後州縣官有罪帥司毋輒加杖責
晉書王濛傳為司徒左西屬濛以此職有譴則應受杖固
辭詔為停罰猶不就則不獨外吏矣南齊書陸澄傳郎官
舊有坐杖有名無實澄在官積前後罰一日并受千杖南
史蕭琛傳齊明帝用法嚴峻尚書郎坐杖罰者皆科行琛
乃密啓曰郎有杖起自後漢爾時郎官位卑親主文案與
令史不異故郎三十五人令史二十人士人多耻為此職
自魏晉以來郎官稍重今方參用高華吏部又近於通貴
不應官高昔品而罰遵曩科所以從來彈舉止是空文許
以推遷或逢赦恩或入春令便得息停宋元嘉大明中有
被罰者别繇犯忤主心非關常準泰始建元以來並未施

行自奉敕之後已行倉部郎江重欣杖督五十無不人懷慙懼乞特賜輸贖使典令史有異以彰優緩之澤帝納之自是應受罰者依舊不行此今日公讞擬杖之所自始

世說桓公在荊州恥以威刑肅物令史受杖止從朱衣上過桓式年少從外來云向從閣下過見令史受杖上捎雲根下拂地足桓公曰我猶患其重是令史服朱衣而受杖也南史孔覬傳為御史中丞鞭令史為有司所糾原不問

南齊書張融傳大明五年制二品清官行僮幹杖不得出十梁書江蒨傳弟葺為吏部郎坐杖曹中幹免官郎官之杖虛杖也故至於千僮幹之杖實杖也不得過十然亦失中之法

沈統大明中為著作佐郎先是五省官所給幹僮不得襍役太祖世坐以免官者前後數百人統役輕過差有司奏免世祖詔曰自頃幹僮與不祗給主可量聽行杖得行幹杖自此始也

北朝政令比之南朝尤為嚴切髙允傳言魏初法嚴朝士多見杖罰孝昭帝紀言尚書郎中剖斷有失輒加捶楚而及其末世則有如高陽王雍之以州牧而杖殺職官任城王澄傳唐邕之以錄尚書而撾撻朝士本傳者矣

明朝廷杖言官此亦衰世之弊政也為都御史〻可以杖御史

押字

集古錄有五代時帝王將相等署字一卷。所謂署字者皆草書其名今俗謂之畫押不知始於何代岳珂古冢盋杅

遺白軒

記言得晉永寧元年甓有匜者姓名下有文如押字則晉已有之然不可考南齊書太祖在領軍府令紀僧真學上手迹下名報答書疏皆付僧真上觀之笑曰我亦不復能別也何敬容署名敬字則大作苟小為文容字大為父陸倕戲曰公家苟既奇大父亦不小魏書崔玄伯尤善行押之書特盡精巧而不見遺迹北史斛律金不識文字初名敦苦其難署改名為金從其便易猶以為難神武乃指屋角令識之北齊書庫狄干不知書署名為干字逆上畫之時人謂之穿錐又有武將王周署名先為吉而後成其外陳書蕭引善隸書高宗嘗披奏事指引署名曰此字筆勢翩翩似鳥之欲飛唐書董昌僭位下制詔皆自署名或曰

帝王無押詔昌曰不親署何由知我為天子今人亦謂之花字北齊後主紀開府千餘儀同無數領軍一時二十連判文書各作花字[北史作依字]各不具姓名莫知誰也黄伯思謂魏晉以來法書梁御府所藏皆是朱异唐懷充沈熾文姚懷珍等題名于首尾紙縫間故或謂之押縫或謂之押尾後人花押蓋沿於此又云唐人及国初前輩與人書牘或只用押字與名用之無異上表章亦或爾近世遂施押字於檄移[癸辛襍識古人押字謂之花押印是用名字稍花之如韋陟五雲体是也]不知南北諸史言押字者如此之多而韓非子言田嬰令官具押券斗石參升之計則戰国時已有之又不始於後世也

三國志少帝紀註世說及魏氏春秋竝云姜維寇隴右時

安東將軍司馬文王鎮許昌徵還擊維至京師帝於平樂觀以臨軍過中領軍許允與左右小臣謀因文王辭放之勒其衆以退大將軍已書詔於前文王入帝方食栗優人雲午等唱曰青頭雞青頭雞青頭雞者鴨也帝懼不敢發按鴨者勸帝押詔書耳是則以親署為押已見於三国時矣南北朝謂之畫勑

邸報

宋史劉奉世傳先是進奏院每五日具定本報狀上樞密院然後傳之四方而邸吏輒先期報下或矯為家書以入郵置奉世乞革定本去實封但以通函騰報從之呂溱傳儂智高寇嶺南詔奏邸毋得輒報溱言一方有警使諸道

聞之矣得為備今欲人不知此何意也曹輔傳政和後帝多微行始民間猶未知及蔡京謝表有輕車小輦七賜臨幸自是邸報聞四方邸報字見于史書葢始於此時然唐孫樵集中有讀開元雜報一篇則唐時已有之矣

范文正公

史言范文正公先天下之憂而憂後天下之樂而樂而文正自作鄠郊友人王君墓表云今茲方面賓客滿坐鐘鼓在庭白髮憂邊對酒鮮樂豈如圭峰月下倚高松聽長笛欣然忘天下之際乎馬文淵少有大志及至晚年猶思建功邊陲而浪泊西里見飛鳶跕跕墮水終思少游之言古今同此一轍王荊公詩豈愛京師傳谷口但知鄉里勝壺頭阮嗣宗詠懷詩所云

遺白軒

寧與燕雀翔不隨黃鵠飛黃鵠游四海中路將安歸者也若夫知幾之神處亢之正聖人當之亦必有道矣

辛幼安

辛幼安詞小艸舊曾呼遠志故人今有寄當歸此非用姜伯約事也吳志太史慈東萊黃人也後立功於孫策曹公聞其名遺慈書以篋封之發省無所道但貯當歸幼安久宦南朝未得大用晚年多有淪落之感亦廉頗思用趙人之意爾觀其與陳同甫酒後之言不可知其心事哉

騎

詩云古公亶父來朝走馬古者馬以駕車不可言走董氏曰顧野王作來朝趣馬曰走者單騎之稱古公之國鄰於戎狄其習尚

此雖通矣然非駕本

不是走字是飛馳耳
是則又速於日走耳

有相同者程大昌雍録曰古者乘車今曰走馬恐此時或已變乘為騎蓋避狄之遽不暇駕車然則騎射之法不始於趙武靈王也

左傳昭公二十五年左師展將以公乘馬而歸正義曰古者服牛乘馬馬以駕車不單騎也至六國之時始有單騎蘇秦所云車千乘騎萬匹是也曲禮云前有車騎者禮記漢世書耳經典無騎字也劉炫謂此左師展將以公乘馬而歸欲共公單騎而歸此騎馬之漸也周礼大司馬師帥執提註提謂馬上鼓有曲木提持鼓立馬髦上者故謂之提正義曰先鄭蓋據當時已有單騎以況周其實周時皆乘車无輕騎法也王應麟謂六韜言騎戰其書當出於周末又引公羊傳齊侯唁公以鞍為几公羊亦周末之書也

春秋之世戎狄之雜居於中夏者大抵皆在山谷之間兵車之所不至齊桓晉文僅攘而卻之不能深入其地者用

遺白軒

車故也中行穆子之敗狄于大鹵得之毀車崇卒而智伯欲伐仇猶遺之大鐘以開其道其不利於車可知矣勢不得不變而為騎騎射所以便山谷也胡服所以便騎射也是以公子成之徒諫胡服而不諫騎射意騎射之法必有先武靈而用之者矣

騎利攻車利守故衛將軍之遇虜以武剛車自環為營

史記項羽本紀叙鴻門之會曰沛公則置車騎脫身獨騎上言車騎則駕車之馬來時所乘也下言獨騎則單行之馬去時所跨也樊噲夏侯嬰靳彊紀信四人則皆步走也樊噲傳曰沛公留車騎獨騎馬噲等四人步從是也

駟

漢書高帝紀乘傳諸雒陽師古曰傳若今之驛古者以車謂之傳車其後又單置馬謂之驛騎竊疑此法春秋時當已有之如楚子乘馹會師于臨品祁奚乘馹而見范宣子楚子以馹至于羅汭子木使馹謁諸王楚人謂游吉曰吾將使馹奔問諸晉而以告國語晉文公乘馹自下脫會秦伯于王城呂氏春秋齊君乘馹而自追晏子及之國郊皆事急不暇駕車或是單乘驛馬而註疏家未之及也戴侗云以車曰傳以騎曰馹晉侯以傳召伯宗則是車也說文傳遽也左傳弦高且使遽告于鄭註遽傳車　按韓非子言齊景公游少海傳騎從中來謂則騎亦可以謂之傳

謝在杭五雜組曰古者乘傳皆驛車也史記田横與客二人乘傳詣雒陽註四馬高足為置傳四馬中足為馳傳四

今北地猶車騎

遺白軒

遺

馬下足為乘傳然左傳言鄭子產乘遽而至則似單馬騎矣釋文以車曰傳以馬曰遽子產時相鄭國豈乏車乎懼不及故乘遽其為驛馬無疑矣漢初尚乘傳車如鄭當時王温舒皆私具駟馬後患其不速一槩乘馬矣

驢驘

自秦已上傳記無言驢者意其雖有而非人家所常畜也爾雅無驢而有鼳鼠自長須而賊秦人謂之小驢逸周書伊尹為獻令正北空同大夏莎車匈奴樓煩月氏諸國以橐駞野馬騊駼駃騠為獻驢父馬母曰驘馬父驢母曰駃騠古今注以牡馬牝驢所生謂之騾○呂氏春秋趙簡子有兩白騾甚愛之李斯上秦王書言駿良駃騠鄒陽上梁王書亦云燕王按劒而怒食以駃騠是以為貴重難得之

物也司馬相如上林賦騊駼橐駞蛩蛩驒騱駃騠驢驘王褒僮約調治馬驢兼落三重其名始見於文而賈誼弔屈原賦騰駕罷牛兮驂蹇驢日者列傳騏驥不能與罷驢為駟東方朔七諫要褭奔亡兮騰駕橐駞刘向九歎郤騏驥以轉運兮騰驢驘以馳逐揚雄反離騷騁驊騮以曲囏兮驢騾連蹇而齊足則又賤之為不堪用也嘗考驢之為物至漢而名至孝武而得充上林至孝靈而貴幸後漢書五行志靈帝於宮中西園駕四白驢躬自操轡驅馳周旋以為大樂於是公卿貴戚轉相放效至乘輜軿以為騎從互相侵奪賈與馬齊然其種大抵出於胡地自趙武靈王騎射之後漸資中國之用鹽鐵論驘驢馲駞銜尾入塞驒騱騵馬盡為我畜杜篤論都賦虜傲偃驅騾驢馭宛馬鞭駃騠霍去病傳

單于遂乘六羸匈奴傳其奇畜則橐駞驢羸駃騠騊駼驒奚西域傳鄯善國有驢馬多橐它烏秅國有驢無牛而龜玆王學漢家儀外國胡人皆曰驢非驢馬非馬若龜玆王所謂羸也可見外國之多産此種而漢人則以為奇畜耳耳

人亦有以父母異種為名者魏書鐵弗劉虎傳北人謂胡父鮮卑母為鐵弗

### 軍行遲速

魏明帝遣司馬懿征遼東其時自雒陽出軍不過三千餘里而帝問往還幾日懿對以往百日攻百日還百日以六十日為休息如此一年足矣此猶是古人師行日三十里

之遺意夏侯淵為將赴急疾常出敵之不意軍中為之語曰典軍校尉夏侯淵三日五百六日一千此可偶用之於二三百里之近不然百里而趨利者蹶上將兵家所忌也

## 木罌渡軍

史記淮陰侯傳從夏陽以木罌缻渡軍服虔曰以木押縛罌缻以渡是也古文簡不言縛爾吳志孫静傳策詐令軍中促其罌缶數百口分軍夜投查瀆亦此法也其狀圖於喻龍德兵衡謂之甕筏

## 海師

海道用師古人蓋屢行之矣吳徐承率舟師自海入齊此蘇州下海至山東之路越王句踐命范蠡舌庸率師沿海

泝淮以絶吴路此淅東下海至淮上之路唐太宗遣張儉
於劔南伐木造舟艦自巫峽抵江揚趨萊州此廣陵下海
至山東之路漢武帝遣楼船將軍楊僕從齊浮渤海擊朝
鮮魏明帝遣汝南太守田豫督青州諸軍自海道討公孫
淵秦苻堅遣石越率騎一萬自東萊出右逕襲和龍唐太
宗伐高麗命張亮率舟師自東萊渡海趨平壤薛萬徹率
甲士三萬自東萊渡海入鴨緑水此山東下海至遼東之
路漢武帝遣中大夫嚴助發會稽兵浮海救東甌横海將
軍韓説自句章浮海擊東越此淅江下海至福建之路劉
裕遣孫處沈田子自海道襲番禺此京口下海至廣東之
路隋伐陳吴州刺史蕭瓛遣燕榮以舟師自東海至吴此

又淮北下海而至蘇州也公孫度越海收東萊諸縣侯希逸自平盧浮海據青州此又遼東下海而至山東也宋李寶自江陰率舟師敗金兵于膠西之石臼島此又江南下海而至山東也此皆古人海道用師之效

## 海運

唐時海運之事不詳於史蓋柳城陷沒之後至開元之初新立治所（唐書地理志營州柳城郡萬歲通天元年為契丹所陷聖曆二年僑治漁陽開元五年又還治柳城）乃轉東南之粟以餉之耳及其樹藝已成則不復資於轉運非若元時以此為恒制也舊唐書宋（通典作宗）慶禮傳張九齡駮謚議曰營州鎮彼戎夷扼喉斷臂逆則制其死命順則為其主人是稱樂都其來尚矣往緣趙翽作牧馭之

非才自經隳廢便長寇孽大明臨下聖謀獨斷恢祖宗之舊復大禹之迹以數千之役徒無甲兵之強衛指期遂往稟命而行於是量畚築執鼛鼓親總其役不愆所慮仰柳城為金湯之險林胡生腹心之疾尋而罷海運收歲儲邊庭晏然河朔無擾典夫興師之費轉輸之勞較其優劣孰為利害此罷海運之一證

舊唐書懿宗紀咸通二年南蠻陷交阯徵諸道兵赴嶺南時湘灘泝運功役艱難軍屯廣州乏食潤州人陳磻石詣闕上書言江西湖南泝流運糧不濟軍師士卒食盡則散此宜深慮臣有奇計以饋南軍天子召見磻石因奏臣弟聽思曾任雷州刺史家人隨海船至福建往來大船一隻

可致千石自福建裝般不一月至廣州得船数十艘便可致二萬石至廣府又引劉裕海路進軍破盧循故事執政是之以磻石為鹽鐵巡官往揚子院專督海運於是康承訓之軍皆不闕供

○焼荒

守邊將士○每至秋月草枯○出塞縱火○謂之焼荒○唐書契丹每入寇幽薊刘仁恭歲燎塞下草使不得留牧馬多死契丹乃乞盟是也其法自七國時已有之戰國策公孫衍謂義渠君曰中國無事於秦則秦且焼焫獲君之國

英宗實録正統七年十一月錦衣衛指揮僉事王瑛言禦虜莫善於焼荒○蓋虜之所恃者馬○馬之所恃者草○近年焼

荒。遠者不過百里。近者五六十里。胡馬来侵。半日可至。乞勅邊将遇秋深、率兵約日、同出数百里外。縱火焚燒。使胡馬無水草可恃。如此則在我雖有一時之勞。而一擧坐卧可安矣。翰林院編修徐璣（後改名南貞）亦請每年九月盡勅坐營將官巡邊分為三路。一出宣府抵赤城獨石。一出大同抵　一出山海抵遼東。各出塞三五百里燒荒哨探。如遇虜寇出沒。即相機勦殺。此本朝燒荒舊制。誠守邊之良法也。

家兵

古之為将者必有素豫之卒。春秋傳冉求以武城人三百為已徒卒。後漢書朱儁傳交阯賊反。拜儁刺史。令過本郡簡募家兵張燕寇河内逼近京師出儁為河内太守將家兵擊却之三國志呂虔傳領泰山太守將家兵到郡郭祖公孫犢等皆降晉書王渾傳為司徒楚王瑋將害汝南王亮渾辭疾歸第以家兵千餘人閉門距瑋瑋不敢逼

## 少林僧兵

少林寺中有唐太宗為秦王時賜寺僧教其辭曰王世充叨竊非據敢違天常法師等竝能深悟幾變早識妙因擒彼兇孽廓玆淨土聞以欣尚不可思議今東都危急旦夕殄除並宜勉終茂功以垂令範是時立功者十有三人裴漼少林寺碑所稱志操惠瑒曇宗等惟曇宗拜大將軍餘不受官賜地四十頃此少林僧 兵所起考之魏書孝武帝

完乞示何處

西奔以五千騎宿于瀍西楊王別舍沙門都維那惠臻負璽持千牛刀以從舊唐書元和十年嵩山僧圓淨與淄青節度使李師道謀反結勇士数百人伏于東都進奏院乘雒城無兵欲竊發焚燒宮殿小將楊進李再興告变留守吕元膺乃出兵圍之賊突圍而出入嵩岳山棚盡擒之宋史范致虚以僧趙宗印充宣撫司參議官兼節制軍馬宗印以僧為一軍號尊勝隊童子行為一軍號淨勝隊然則嵩雒之間固世有異僧矣

嘉靖中少林僧月空受都督萬表檄禦倭於松江其徒三十餘人自為部伍持鐵棒擊殺倭甚衆皆戰死嗟乎能執干戈以扞疆埸則不得以其髡徒而外之矣宋靖康時有

此數明史亦未言 [illegible]

五臺僧真寶與其徒習武事於山中欽宗召對便殿命之還山聚兵拒金晝夜苦戰寺舍盡焚爲酋所得誘勸百方終不顧曰吾法中有口回之罪吾既許宋皇帝以死豈當妄言也怡然受戮而德祐之末常州有萬安僧起義者作詩曰時危聊作將事定復爲僧其亦有屠羊說之遺意者哉

毛葫蘆兵

元史順帝紀至正十三年立南陽鄧州等處毛葫蘆義兵萬户府募土人爲軍免其差役令防城自效因其鄉人自相團結號毛葫蘆軍故以名之朶爾直班傳金商義兵以獸皮爲矢房如瓠號毛葫蘆軍甚精鋭大學衍義補今唐

鄧山居者以毒藥漬矢以射獸應弦而倒謂之毛葫蘆成化三年國子監學錄黃明義言宋時多剛縣夷爲兵用白艻子兵破之白艻子者即今之民壯也

## 方音

五方之語雖各不同然使友天下之士而操一鄉之音亦君子之所不取也故仲由之喭夫子病之鴃舌之人孟子所斥而宋書謂高祖雖累葉江南楚言未變雅道風流無聞焉爾又謂長沙王道憐素無才能言音甚楚舉止施爲多諸鄙拙世說言劉真長見王丞相既出人問見王公云何答曰未見他異惟聞作吳語耳又言王大將軍年少時舊有田舍名語音亦楚又言支道林入東見王子猷兄弟

還人問見諸王何如答曰見一羣白項烏但聞喚啞啞聲北史謂丹楊王劉昶呵罵僮僕音襍夷夏雖在公坐諸王每侮弄之夫以創業之君中興之相不免時人之議而況於士大夫乎北齊楊愔稱裴讞之曰河東士族京官不少惟此家兄弟全無鄉音其所賤可知矣至於著書作文尤忌俚俗公年多齊言淮南多楚語若易傳論語何嘗有一字哉若乃講經授學彌重文言是以孫詳蔣顯曾習周官而音革楚夏左思魏都賦蓋音有楚夏者土風之乖也則學徒不至梁書儒林傳陸倕云李業興學問深博而舊音不改則為梁人所笑北史本傳鄴下人士音辭鄙陋風操蚩拙則顏之推不願以為兒師家訓是則惟君子為能通天下之志蓋必自其發言始也

金史國語解序曰今文尚書辭多奇澁蓋亦當世之方音也
荀子每言案楚辭每言羌皆方音刘勰文心雕龍云張華論韻謂士衡多楚可謂銜靈均之聲餘失黄鐘之正響也

## 國語

後魏初定中原軍容號令皆以夷語後染華俗多不能通故録其本言相傳教習謂之國語孝文帝命侯伏侯可悉陵以夷言譯孝經之旨教於國人謂之國語孝經並隋書經籍志而歷攷後魏北齊二書若孟威以明解北人語敕在著作以備推訪孫搴以能通鮮卑語宣傳號令祖珽以解鮮卑語免罪復參相府劉世清以能通四夷語為當時第一後

主命作突厥語翻涅槃經以遺突厥可汗並見遇時主寵絶羣僚然其官名制度無一不用漢語而魏孝文太和十九年六月己亥詔不得以北俗之語言於朝廷違者免所居官魏書咸陽王禧傳孝文引見朝臣詔斷北語一從五音禧贊成其事於是詔年三十已上習性已久容或不可卒革三十已下見在朝廷之人語音不聽仍舊若有故為當降爵黜官若仍舊俗恐數世之後伊維之下復成被髮之人朕嘗與李沖論此沖言四方之語竟知誰是帝者言之即為正矣何必改舊從新沖之此言應合死罪乃謂沖曰卿實負社稷沖免冠陳謝北齊書高昂傳於時鮮卑共輕中華朝士唯憚服於昂高祖每申令三軍常鮮卑語昂若在列則為華言孝文用夏變夷之主齊神武亦英雄有大略者也契丹偏居北陲始以本國之言為官名號令而遼史糺立國語解一篇自是金元亦多循之而北俗之語遂載之史

書傳於後代矣

後魏平陽公丕傳丕雅愛本風不達新式至於變俗遷雒改官制服禁絶舊言皆所不願帝亦不逼之但誘示大理令其不生同異變俗之難如此今則拓跋宇文之語不傳於史冊者已蕩然無餘一時衆楚之咻固不能勝三紀遷殷之化也

後唐康福善諸蕃語明宗聽政之暇每召入便殿咨訪時事福即以蕃語奏之樞密使安重誨惡爲嘗面戒之曰康福但亂奏事有日斬之

○樓煩

樓煩乃趙西北邊之國。其人強悍習騎射。史記趙世家武靈王行新地遂出代西遇樓煩王於西河而致其兵致云者致其人而用之也是以楚漢之際多用樓煩人別為一軍高祖功臣侯年表陽都侯丁復以趙將從起鄴至霸上為樓煩將而項羽本紀漢有善騎射者樓煩應劭曰樓煩胡也今樓煩縣按樓煩地大不止一縣之人則漢有樓煩之兵矣灌嬰傳擊破柘公王武斬樓煩將五人攻龍且生得樓煩將十人擊項籍軍陳下斬樓煩將二人攻黥布別將于相斬樓煩將三人功臣表平定侯齊受以驍騎都尉擊項籍得樓煩將則項王及而亦各有樓煩之兵矣蓋自古用四夷攻中國者始自周武王牧野之師有庸蜀羌髳微盧彭濮而晉襄公敗秦于殽實用姜戎為犄角之勢大者王小者霸於是武靈王踵

此用以謀秦而鮮卑突厥回紇沙陀自此不絶於中國矣

○吐蕃回紇

大抵夷音皆無正字唐之吐蕃即今之土魯番是也唐之回紇即今之回回是也唐書回紇一名回鶻元史有畏兀兒部畏即回兀即鶻也其曰回回者亦回鶻之轉聲也遼史天祚紀有回回國王　元史太祖紀以回鶻回回為二國恐非其曰畏吾兒者又畏兀兒之轉聲也冊府元龜按國史叙鐵勒種類云伊吾以西焉耆以北有契弊烏護紇骨等部契弊則契苾也烏護則烏紇也後為回鶻紇骨則紇扢斯也　轉為黠戛斯蓋夷音有緩急即傳譯語不同也　大明會典哈密古伊吾廬地在燉煌北大磧外為西域諸番往來要路其國部落與回回畏兀兒三種襍居則回回與畏兀兒人為二種矣鄭所南心史畏吾兒乃韃靼為父回回為母者也自唐會昌中回紇衰

弱。降幽州者前後三萬餘人。皆散隸諸道。始襍居於中華。而不変其本俗。杜子美留花門詩連雲屯左輔百里見積雪李衛公上尊號玉册文種類磐互縞衣如荼挾邪作蠱浸淫宇内今之遺風亦未衰於昔日也

舊唐書憲宗紀元和二年正月庚子回紇請於河南府太原府置摩尼寺。許之。此即今禮拜寺之所從立也。

新唐書常袞傳言始回紇有戰功者。得留京師。虜性易驕後乃創邸第佛祠或伏甲其間數出中渭橋與軍人格鬭奪含光門魚契走城外然則自肅代以來。回紇固已有居京師者矣。

實録正統元年六月乙卯、徙甘州涼州寄居回回、於江南

各衛。凡四百三十六戶、一千七百四十九口、其時西陲有警、不得已為徙戎之策。然其種類遂蕃於江左矣。正統三年八月有歸附回回三百二人自京州徙至浙江

國初於其來降者待之雖優而防之未嘗不至福建漳州衛指揮僉事楊榮因進表至京為回回之編置漳州者寄書於其同類奉旨坐以交通外夷黜為為事官於大司立功正統四年七月辛未其後文教涵濡夷風漸革。而夷狄之裔。遂有登科第襲冠裳者。惟回回自守其國俗。終不肯變。結成黨夥。為纍閭閻。以累朝之德化而不能馴其頑獷之習所謂鐵中錚錚、庸中佼佼者乎

天子無故不殺牛。而今之回子。終日殺牛為膳。宜先禁此。

則夷風可以漸革唐時赦文每曰十惡五逆火光行刼持刄殺人官典犯贜屠牛鑄錢合造毒藥不在原赦之限可見古法以屠牛為重也若韓滉之治江東以賊非牛酒不嘯結乃禁屠牛以絶其謀此又明識之士所宜豫防者矣

西域天文

西域人善天文自古已然唐書泥婆羅國頗解推測盈虛兼通曆術事天竺國善天文曆筭之術罽賓國遣使進天文經拂菻國其王城門樓中懸一大金秤以金丸十二枚屬於衡端以候日之十二時為一金人其大如人立於側每至一時其金丸輒落鏗然發聲引唱以紀日時毫釐無失葢不始於回回西洋也元史張思明傳大德初擢左司都事有獻西域秤法思明以惑衆

不用

王忠文禕集有阿都剌除回回司天少監誥曰天文之學其出於西域者約而能精雖其術不與中國古法同然以其多驗故近代多用之別設官以掌其職

冊府元龜載開元七年吐火羅國王上表獻解天文人大慕闍智慧幽深問無不知伏乞天恩喚取問諸教法知其人有如此之藝能請置一法堂依本教供養此與今之利瑪竇天主堂相似而不能行於玄宗之世者豈非其時在朝多學識之人哉

三韓

今人謂遼東為三韓者考之書序成王既伐東夷傳海東

諸夷駒麗扶餘馯貊之屬正義漢書有高駒麗扶餘韓無此馯馯即韓也音同而字異爾後漢書光武紀建武二十年東夷韓國人率衆詣樂浪内附東夷傳韓有三種一曰馬韓二曰辰韓三曰弁辰（晉梁二書作弁韓）馬韓在西有五十四國其北與樂浪南與倭接辰韓在東十有二國其北與濊貊接弁辰在辰韓之南亦十有二國其南亦與倭接凡七十八國百濟是其一國焉大者萬餘戶小者數千家各在山海間地合方四千餘里東西以海為限皆古之辰國也馬韓最大共立其種為辰王盡王三韓之地（漢書朝鮮傳真番辰國欲上書見天子又雍閼帝道師古曰辰謂辰韓之國史記誤作食番旁衆国）三國魏志齊王正始七年幽州刺史毋丘儉破高句驪濊貊韓那奚等數十國

各率種落降陳留王景元二年樂浪外夷韓濊貊各率其屬來朝貢晉書張華傳東夷馬韓新彌諸國依山帶海去州四千餘里歷世未附者二十餘國並遣使朝獻杜氏通典三韓之地在海島之上朝鮮之東南此其封域與朝貢之本末也劉熙釋名韓羊韓兔韓雞本法出韓國所為也後魏陽固演賾賦覩三韓之累累兮見卉服之悠悠此其風土也宋史天文志狗國四星在建星東南主三韓鮮卑烏桓玁狁沃沮之屬此其占象也宋史高麗傳言崇寧後始鑄三韓通寶而遼史外紀有高麗王子三韓國公勲三韓國公顒三韓國公湜其地理志有高州三韓縣辰韓為扶餘弁韓為新羅（北史以辰韓為新羅）馬韓為高麗開泰中聖宗伐

高麗俘三國之遺人置縣據此乃俘三國之人置縣於内地而取三韓之名爾亦如漢時上郡有龜玆縣不可便以為西域之國今人乃謂遼東為三韓是以内地而目之為外國也原其故本於天啓初失遼陽以後章奏之文遂有謂遼人為三韓者外之也今遼人乃以之自稱夫亦自外也已

北史新羅者其先本辰韓種也地在高麗東南辰韓亦曰秦韓伯傳言秦世亡人避役來適馬韓割其東界居之以秦人故名之曰秦韓其言語名物有似中國人辰韓王常用馬韓人作之世世相傳辰韓不得自立王明其流移之人故也恒為馬韓所制辰韓之始有六國稍分為十二新羅則其一也此又與前史不同而唐書東夷傳顯慶五年

平百濟分其地置五都督府其一曰馬韓

大秦

今之佛經皆題云大秦鳩摩羅什譯謂是姚興國號非也大秦乃西域國名後漢書西域傳言大秦國在海西地方数千里有四百餘城小國役屬者数十又云天竺國西與大秦通此其國名之偶同而傳以為其人民皆長大平正有類中國故謂之大秦固未必然而晉書載記石季龍時有安定人侯子光自稱佛太子謂大秦國來當王小秦國以中國為小秦則益為夸誕矣

干陀利

韓文公廣州記有干陀利註家皆闕按梁書海南諸夷傳

干陁利國在南海洲上其俗與林邑扶南略同出班布吉貝檳榔檳榔特精好為諸國之最梁王僧孺有謝賜干陁利所獻檳榔啓周弘正傳有罪應流徙勅以賜干陁利國陳書世祖紀天嘉四年干陁利國遣使獻方物惟宋書孝武帝紀孝建二年斤陁利國遣使獻方物同南史以干為斤疑誤

夷狄

歷九州之風俗攷前代之史書中國之不如夷狄者有之矣遼史言契丹部族生生之資仰給畜牧績毛飲湩以為衣食各安舊風狃習勞事不見紛華異物而遷故家給人足戎備整完卒之虎視四方強朝弱附金史世宗嘗謂宰臣曰朕嘗見女直風俗迄今不忘今之燕飲音樂皆習漢

風非朕心所好東宮不知女直風俗第以朕故猶尚存之恐異日一變此風非長久之計他日與臣下論及古今又曰女直舊風雖不知書然其祭天地敬親戚尊耆老接賓客信朋友禮意款曲皆出自然其善與古書所載無異汝輩不可忘也乃禁女直人不得改稱漢姓學南人衣裝犯者抵罪又曰女直舊風凡酒食會聚以騎射為樂今則奕碁雙陸宜悉禁止令習騎射邵氏聞見錄言回紇風俗樸厚君臣之等不甚異故衆志專一勁健無敵自有功於唐賜遺豐腴登里可汗始自尊大築宮室以居婦人有粉黛文繡之飾中國為之虛耗而虜俗亦壞昔者祭公謀父之言犬戎樹惇能帥舊德而守終純固由余之對穆公言戎

夷之俗上含淳德以遇其下下懷忠信以事其上一國之政猶一身之治其所以有國而長世用此道也及乎荐居日久漸染華風不務詩書唯徽玩好服飾競於無等財賄溢於靡用驕淫矜侈浸以成習於是中行有變俗之譏賈生有五餌之策又其末也則有如張昭遠以皇弟皇子喜俳優飾姬妾而卜沙陀之不永張舜民見太孫好音樂美姝名茶古畫而知契丹之將亡此固人情之所必至而戎狄之敗特速於中華者他日未嘗學問也後之君子誠監於斯則知所以勝之之道矣

史記言匈奴獄久者不過十日一國之囚不過數人鹽鐵論言匈奴之俗略於文而敏於事宋鄧肅對高宗言外夷

之巧在文書簡〻故速中國之患在文書繁〻故遲遼史言朝廷之上事簡職專此遼所以興也又曰皇帝四時巡守宰相已下於中京居守一切公事除拜官僚正行堂帖權差俟行在所取旨出給誥敕文官縣令錄事已下更不奏聞听中書銓選然則戎狄之能勝於中國者惟其簡易而已今舍其所長而效人之短吾見其立弊也

金史食貨志言金起東海其俗純實可與返古初入中夏民多流亡土多曠閑遺黎惴〻何求不獲於斯時縱不能復井地溝洫之制若用唐之永業口分以制民產倣其祖庸調之法以足國計何至百年之內所為經畫紛〻然與其國相終始邪其弊在於急一時之利踵久壞之法及其中葉鄙遼儉朴襲宋繁縟之文懲宋寬柔加遼操切之政

是棄二國之所長而併用其所短也繁縟勝必至於傷財擾切勝必至於害民訖金之世國用易匱民心易離豈不繇是與作法不慎厥初變法以救其弊秪益甚焉耳其論金時之弊至為明切今之為金者有甚於此

魏太武始制反逆殺人姦盜之法號令明白政事清簡無繫訊連逮之煩百姓安之宋余靖言燕薊之地陷入契丹且百年而民亡南顧心者以契丹之法簡易鹽麴俱賤科役不煩故也是則省刑薄斂之效無論於華夷矣

從戎

武后時四夷多遣子入侍其論欽陵阿史德元珍孫萬榮等皆因充侍子得徧觀中國形勢其後竟為邊害先是天

授三年左補闕薛謙光上疏曰臣聞戎夏不襍自古所誡夷狄無信易動難安故斥居塞外不遷中國前史所稱其來久矣然而帝德廣被有時朝謁受向化之誠請納梯山之禮貢事畢則歸其父母之國導以指南之車此三王之盛典也自漢魏已後遂革其風務飾虛名徵求侍子諭令解辮使襲衣冠築室京師不令歸國此又中葉之故事也較其利害則三王是而漢魏非論其得失則距邊長而徵質短殷鑒在昔豈可不慮者郭欽獻策於武王江統納諫於惠王咸以戎狄入居必生事變晉帝不用二臣之遠策好慕向化之虛名縱其習史漢等書官之以五部都尉此皆計之失也竊惟突厥吐蕃契丹等往因入侍並叨殊獎

或執戟丹墀策名戎秩或曳裾庠序高步黌門服改氊裘語兼中夏明習漢法覩衣冠之儀目覽朝章知經國之要窺成敗於圖史察安危於古今識邊塞之盈虛知山川之險易或委以經畧之功令其展效或矜其首丘之志放使歸蕃於國家雖有冠帶之名在夷狄廣其縱横之智雖有慕化之美苟悅於當時而狼子野心旋生於異日及歸部落鮮不稱兵邊鄙罹災實繇於此故老子曰國之利器不可以示人在於齊人猶不可以示之况於夷狄乎謹按楚申公巫臣奔晉而使於吳使其子狐庸為吳行人教吳戰陣使之叛楚吳於是伐楚取巢取駕克棘入州來子反一歲七奔命其所以能謀楚良以此也又按漢書桓帝遷五

部白奴於汾晋其後卒有劉石之難向使五部不徙則晉祚猶未可量也鮮卑不還幽州則慕容無中原之僭又按漢書陳湯云夫胡兵五而當漢兵一何者兵刃利鈍弓弩不利今聞頗得漢巧然猶三而當一繇是言之利兵尚不可使胡人得法况處之中國而使之習見哉昔漢東平王請太史公書朝臣以為太史公書有戰國從横之說不可以與諸侯此則本朝諸王尚不可與况外國乎臣竊計秦并天下及劉項之際累載用兵人户彫散以晉惠方之八王之叄帥輕於楚漢之割地冒頓之全實過於五部之微弱當曩時冒頓之彊盛乘中國之虚獘高祖餧戹平城而冒頓不能入中國者何也非兵不足以後諸夏力不足以

破汾晉其所以解圍而縱高祖者為不習中土之風不安中國之美生長磧漠之北以穹廬勝於城邑以氈罽美於章紱既安其所習而樂其所生是以無窺中國之心者為生不習漢故也豈有心不樂漢而欲深入者乎劉元海五部離散之餘而卒能自振於中國者為少居內地明習漢法非但元海悅漢而漢亦悅之一朝背誕四人謂四氏響應遂鄙單于之號竊帝王之名賤沙漠而不居擁平陽而鼎峙者為居漢故也向使元海不曾內徙止當劫邊人繒綵麯糵以歸陰山之北安能使倡亂邪當今皇風遍覃含識革面凡在虺性莫不懷馴方使由余效忠日磾盡節以臣愚慮者國家方傳無窮之祚於後脫備守不謹邊臣失圖

則夷狄稱兵不在方外非所以肥中國削四夷經營萬乘之業貽厥孫謀之道也臣愚以為願充侍子者一皆禁絶必若先在中國者亦不可更使歸蕃則夷人保疆邊邑無事矣

本朝永樂宣德間達虜來降多乞留居京師授以指揮千百户之職賜之俸禄及銀鈔衣服房屋什器安插居住名曰達官正統元年十二月行在吏部主事李賢言臣聞帝王之道在赤子黎民而禽獸夷狄夫黎民而赤子親之也夷狄而禽獸疏之也雖聖人一視同仁其施也必自親以及疏未有赤子不得其所而先施惠於禽獸况奪赤子之食以養禽獸聖人思為之哉竊見京師達人不下萬餘較

之饑民三分之一其月支俸米較之在朝官員亦三分之一而實支之數或全或半又倍蓰矣且以米俸言之在京指揮使正三品該俸三十五石實支一石而達官則實支十七石五斗是贍京官十七員半矣夫以有限之糧而資無限之費欲百姓富庶而倉廩充實未之有也近者連年荒旱五穀不登而國家之用則不可缺是以天下米粟水陸竝進歲入京師數百萬石而軍民竭財殫力涉寒暑冒風霜苦不勝言然後一夫得數斛米至京師者幸也苦其運至中途食不足衣不贍而有司督責之愈急是以不暇救死徃々枕籍而亡者不可勝計其達官坐享俸祿施々自得鳴呼既奪赤子之食以養禽獸而又驅其力使餵之

赤子卒至於饑困以死而禽獸則充實厭足仁人君子所宜痛心者若夫俸祿所以養廉也今在朝官員皆实関俸米一石以一身計之其日用之費不過十日況其父母妻子乎臣以為欲其無貪不可得也備邊所以禦侮也今邊軍長居苦寒之地其所以保妻子禦飢寒者月糧而已糧不足以贍其所需欲其守死不可得也今若去此達官臣愚以為除一害而得三利焉何則計達官一歲之俸不下數十萬者之可以全生民之命可以贍邊軍之給可以足京官之俸全生民之命則本固而邦寧也贍邊軍之給則效死而守職也足京官之俸則知耻而守廉也得此三者利莫大焉臣又聞聖王之道貴乎消患於未萌易曰履霜

堅冰至臣竊見達人来降絡繹不絶朝廷授以官職足其
俸禄使之久處不去腥羶畿内無益之費尚不足惜又有
甚者爲夷狄人面獸心貪而好利下臣乍叛荒忽無常
彼来降者非心悦而誠服也实慕中國之利也且達人在
胡未必有自種而食自致而衣今在中國則不勞力而坐
享其有是故其来之不絶者中國誘之也誘之不衰則来
之愈廣一旦邊方有警其勢必不自安矣前世五胡之亂
可不鑒哉是故聖人以禽獸畜之其來也懲而禦之不使
之久處其去也守而備之不誘其復来其為社稷生民之
慮至深遠也近日边塵数警而達官羣聚京師臣嘗恐懼
而不安寢伏願陛下斷自宸衷為萬世長久之計乞勅兵

部將達官漸次調除天下各部司衛所彼勢既分必能各安其生不惟省國家萬〻無益之費而又消其未萌之患矣上是其言

土木之變達官東人之編置近畿者一時蠢動肆掠村莊人謂之家達子亟有驅迫漢人以歸 者户科給事中王竑翰林院侍講劉定之竝言宜設法遷徙俾居南土於是命左都督毛福壽充左副總兵選領河間等 達軍往湖廣辰州等處征苗巡撫江西刑部右侍郎楊寧奏請賊平之後就分布彼處各衛所守禦然其去者無多 天順元年七月丁丑兵部奏自正統七年至景泰七年謂之雲南廣東廣西福建等處在 達官衰軍共一千八百八人 而天順初兵部尚書陳汝言阿附權宦蓋今取回遂令曾鉄得結

其驍豪與之同反而河間東昌之間至今響馬不絶亦自
達軍倡之據有中國誰之咎也
國初安置土達於寧夏甘凉等處承平日久種類蕃息誠
化四年遂有滿四之變

日知錄卷之三十

天文

三代以上人人皆知天文七月流火農夫之辭也三星在天婦人之語也月離于畢戍卒之作也龍尾伏晨兒童之謠也後世文人學士有問之而茫然不知者矣若曆法則古人不及近代之密

樊深河間府志曰愚初讀律書見私習天文者有禁後讀制書見仁廟語楊士奇等曰此律自為民間設耳卿等安得有禁遂以天元玉曆祥異賦賜羣臣由律書之言觀之乃知聖人之所憂者深由制書之言觀之乃知聖人之所見者大

## 日食

劉向言春秋二百四十二年日食三十六今連三年比食自建始以來二十歲間而八食率二歲六月而一發古今罕有異有大小希稠占有舒疾緩急今所見崇禎之世十七年而八食二年五月乙酉朔四年十月辛丑朔七年三月丁亥朔九年七月癸卯朔十年正月辛丑朔十一月乙未朔十四年十月癸卯朔十七年八月丙辰朔與漢成略同而稠急過之矣然則謂日食為一定之數無關於人事者豈非溺於疇人之術而不覺其自蹈於邪臣之說乎

春秋昭公二十一年秋七月壬午朔日有食之公問於梓慎曰是何物也禍福何為對曰二至二分日有食之不為災日月之行也分同道也至相過也其他月則為災非也

夫日月之在於天莫非一定之數然天象見於上而人事應於下矣為此言者殆於後世以天變不足畏之說誰其君者也漢書五行志亦知其說之非而依違其間以為食輕不為大災水旱而已然則食重也如之何是故日食之咎無論分至

## 月食

日食月揜日也月食地揜月也今西洋天文說如此自其法未入中國而已有此論陸文裕金臺紀聞曰嘗聞西域人算日月食者謂日月與地同大若地體正掩日輪上則月為之食南城萬寶月食辨曰凡黃道平分各一百八十二度半強對衝處以為地所隔望時月行適當黃道交處

與日正相對則地隔日光而月為之食矣按其説亦不始於近代漢張衡靈憲曰當日之衝光常不合者蔽於地也是謂闇虚在星〻微月過則食載後漢天文志中俗本地字有誤作他者遂疑别有所謂闇虚而致紛〻之説宋史天文志日火外明其對必有闇氣大小與日体同者非

静樂李鱸習西洋之學述其言曰月本無光借日之照以為光耀至望日与地日為一線月見地不見日不得借光以是以無光也或曰不然曾有一年月食之時當在日没後乃日尚未沈而出地之月已食矣東月初升西日未没人兩見之則地固未嘗遮日月也何以云見地不見日乎答曰子所見者非月也月之影也月固未嘗出地也何以驗

此西洋說也實亦有之理也

之今試以一文錢置虛器中前之卻之不見錢形矣卻貯水令滿而錢見則知所見者非錢也乃錢之影也日將落時東方蒼蒼涼涼海氣升騰猶夫水然其映而升之亦月影也如必以東方之月為真月則是以水面之錢為真錢也然乎否乎又如漁者見魚浮水面而捉叉刺之必稍下於魚乃能得魚。其浮於水面者魚之影也。舟人刺篙其半在水。視之若曲焉。此皆水之能影物也。然則月之受隔於地又何疑哉

歲星

吳伐越歲在越故卒受其凶苻秦滅燕歲在燕故燕之復建不過一紀二者信矣慕容超之亡歲在齊而為劉裕所

破國以遂亾豈非天道有時而不驗邪是以天時不如地利

歲星固有居其国而不吉者其行有贏縮春秋傳歲棄其次而旅於明年之次史記天官書已居之又東西去之国亾淮南子當居不居越而之他處以近事考之歲星當居不居其地必有殃咎考授時曆段目歲星未有不退之時但晨退四十六日夕退四十六日各有奇共止得九度七十六分有奇而十二宮大約各三十度以出宮為災不出宮不為災也

五星聚

史言周將代殷五星聚居齊桓將伯五星聚箕沈約宋書天文志云〇竹書紀年帝辛三十二年五星聚于居漢元年十月五星聚東井唐天寶九載八月五星聚尾箕大曆三年七月五星聚東井宋乾德

五年三月五星聚奎（景德四年六月司天監言五星聚而伏于鶉火）淳熙十三年閏七月五星聚軫元太祖二十一年十一月五星聚見於西南星明嘉靖三年正月丙子五星聚營室天啓四年七月丙寅五星聚張（丙寅月之十四日日在張九度木十六度火七度土三度金三度水一度凡聚者四）占曰五星若合是謂易行有德受慶改立王者奄有四方子孫蕃昌無德受殃離其國家滅其宗廟百姓離去被滿四方考之前史所載惟天寶不吉蓋玄宗之政荒矣或曰藻從嵗宋從塡唐從熒惑云

四星之聚占家不以為吉驗之前代于張光武帝漢（蜀志劉豹等言建安二十一年大白熒惑塡星常從嵗星）于牛女中宗紹晋（晋書懷帝記永嘉六年七月嵗星熒惑太白聚于斗牛天文志同但云聚于斗牛而元帝紀則云永嘉中嵗塡熒惑太白聚牛女之間一云四星一

云三星不同庾信哀江南賦值五馬之南奔逢三星之東聚于觜參神武王齊于危文宣代魏于東井肅宗復唐于張高祖王周皆為有國之祥也故漢獻帝初韓馥以四星會于箕尾欲立劉虞為帝唐咸通十年熒惑填星太白辰星會于畢昴詔王景崇被衮冕軍府稱臣以厭之然亦有不同者如慕容超之滅四星聚奎婁姚泓之滅四星聚東井至德二載四月壬寅四星聚鶉首後晉天福五年術士孫智永以四星聚斗分野有災勸南唐主徙東都宋靖康元年太白熒惑歲填四星合于張嘉熙元年太白歲辰熒惑合于斗詔避殿減膳以圖消弭此則天官家所謂四星若合其國兵喪竝起君子憂小人流而不可泥於一家之占者矣

普天之下萬國皆同
豈當主中國耶

海中五星二十八宿

漢書藝文志海中星占驗十二卷海中五星經襍事二十二卷海中五星順逆二十八卷海中二十八宿國分二十八卷海中二十八宿臣分二十八卷海中日月彗虹襍占十八卷海中者中國也故天文志曰甲乙海外日月不占蓋天象所臨者廣而二十八宿專主中國故曰海中二十八宿

星名

今天官家所傳星名皆起於甘石如郎將羽林三代以下之官左更右更三代以下之爵王良造父三代以下之人巴蜀河間三代以下之國春秋時無此名也

人事感天

易傳言先天後天考之史書所載人事勤於下而天象変於上有驗於須臾之間而不容遲者宋武帝欲受晉禪乃集朝臣宴飲日晚坐散中書令傅亮叩扉入見請還都謀禪代之事及出已夜見長星竟天拊髀歎曰我常不信天文今始驗矣隋文帝立晉王廣為皇太子其夜烈風大雪地震山崩民舍多壞壓死者百餘口唐玄宗為臨淄王將誅韋氏與劉幽求等微服入苑中向二鼓天星散落如雪幽求曰天道如此時不可失文宗以右軍中尉王守澄之言召鄭注對于浴堂門是夜彗出東方長三尺然則荊軻為燕太子丹謀刺秦王而白虹貫日衛先生為秦昭王畫長

平之事而太白食昴固理之所有孟子言氣壹則動志其此之謂與

## 黄河清

漢桓帝延熹九年濟陰東郡濟北平原河水清襄楷上言河者諸侯位也清者屬陽濁者屬陰河當濁而反清者陰欲為陽諸侯欲為帝也明年帝崩靈帝以解瀆亭侯入繼隋書言齊武成帝河清元年四月河濟清後十餘歲隋有天下隋煬帝大業三年武陽郡河清數里十二年龍門河清後二歲唐受禪金衛紹王大安元年徐沛黄河清臨洮人楊珪上書亦引襄楷之言後四歲宣宗立元順帝至正二十一年十一月戊辰黄河自平陸三門磧下至孟津五

百餘里皆清凡七日而我太祖興至本朝尤驗正德河清世宗以興王即位泰昌清河先帝以信王即位

妖人闌入宫禁

自古國家中葉多有妖人闌入宫禁之事固氣運之疵亦是法紀廢弛所致如漢武帝征和元年上居建章宫見一男子帶劍入中龍華門疑其異人命收之男子捐劍走逐之弗獲上怒斬門候成帝建始三年十月丁未渭水虒上小女陳持弓年九歲走入横城門入未央宫尚方掖門殿門門衛户者莫見至句盾禁中而覺得綏和二年八月庚申鄭通里男子王褒師古曰鄭縣之通里衣絳衣小冠帶劍入北司馬門殿東門上前殿入非常室中解帷組結佩之收縛考

門褒故公車大誰卒病狂易不自知入宮狀下獄死後漢靈帝光和元年五月壬午有人白衣入德陽門言梁伯夏教我上殿為天子中黄門桓賢等呼門吏僕射欲收縛吏未到須臾還走求索不得不知姓名四年魏郡男子張博送鐵盧詣太官博上書室殿山居屋後宮禁落屋讙呼上收縛考問辭忽不自覺晉惠帝太安元年四月癸酉有人自雲龍門入殿前北面再拜曰我當作中書監即收斬之（五行志干宝曰夫禁庭尊秘之処今賤人徑入而門衛不覺者宮室將虛而下人踰之之妖也）成帝咸康五年十一月有人持柘杖絳衣詣止車門上列為聖人使求見天子門候受辭〻稱姓呂名賜其言王和女可右足下有七星〻皆有毛長七寸天令命可為天下母奏聞即

伏誅并下晉陵誅一秦苻堅時有人入明光殿大呼曰甲申乙酉魚羊食人悲哉無復遺堅命執之俄而不見陳後主為太子時有婦人突入東宮大言曰畢國主唐高宗永隆二年九月一日萬年縣女子劉凝静乘白馬著白衣男子從者八九十人入太史局升令廳牀坐勘問比有何災異太史令姚玄辨執之以聞是夜彗見西方天市中長五尺武后神功元年二月庚子有人走入端門又入則天門至通天宫閽者及仗衛不之覺睿宗太極元年狂人段萬謙潛入承天門登太極殿升御牀自稱天子呼宿衛兵士令稱萬歲德宗貞元八年二月丁亥許州人李狗兒持杖入合元殿擊欄檻擒得伏誅敬宗　長慶四年元和十五年穆宗已

即位三月戊辰狂人徐忠信闌入浴堂門杖四十配流天德文宗開成二年十一月癸亥新書作太和二年十月狂人劉德廣突入含元殿詔付京兆府杖殺之宋高宗建炎二年十一月帝在揚州郊祀後數日有狂人具衣冠執香爐携絳囊拜於行宮門外自言天遣我為官家兒書於囊紙刻於右臂階是語鞫之不得姓名帝以其狂釋不問孝宗淳熙十四年正月紹興府有狂人突入恩平郡王第升堂踐王坐曰我太上皇孫來赴郡鞫訊終不語元順帝至正十年春京師麗正門楼斗栱內有人伏其中不知何自而至遠近聚觀之有旨取付法司鞫問但云薊州人詰其所從來皆惘若無知乃以不應之罪笞之忽不知所在史家並書之以

為異本朝景泰三年五月癸巳朔以明日立太子具香亭於奉天門有一人自外徑入執紅棍擊香亭曰先打東方甲乙木内使執之命付錦衣衛亦書於英宗實録然未有若今萬曆四十三年張差一事宫中府中幾成莫解之禍更歷五朝流言未息天乎人乎吾不得而知之矣

周禮閽人職云奇服怪民不入宫註曰怪民狂易是則先王固知其有此事而豫為之防矣

詐稱太子

建炎南渡有詐稱徐王棣者詐稱信王榛者詐稱越王偲次子者詐稱鄆王第二皇子者詐稱榮德帝姬者詐稱柔福帝姬者莫不伏法訖無異言乃弘光時王之明一事中

此甚公道[illegible]之論也

外流言洶洶不息藩鎮稱兵遂以藉口至今民間尚有疑以為真者此亦亡國之妖也已

衛太子自殺於湖武帝為築歸来望思之臺事狀明白十年之後猶有如成方遂之乘黄犢車詣北闕吏民聚觀至數萬人公卿莫敢發言者况值非常之變事未一年吾君之子天下屬心衆口讙騰卒難徧喻者乎寄之中城獄舍不加刑鞫是為得理不可以亡國之君臣而加之誣詆也

也

晉會稽王道子為桓玄所害以臨川王寶子修之為道子嗣尊妃王氏為太妃義熙中有稱元顯道子世子子秀熙避難蠻中而至者太妃請以為嗣於是修之歸於别第刋裕意

其詐而案驗之果散騎郎滕羡奴勺藥也竟生棄市太妃不悟哭之甚慟（本傳）近時之論多有似乎此者

## 五胡應天象

昔人言五胡諸國唯占於昴北亦不盡然（晋志云是時雖二石僭號而其強弱常占於昴不關太微紫宮）考之史流星入紫宮而刘聰死熒惑守心而石虎死星孛太微大角熒惑太白入東井而苻生殺彗起尾箕掃東井而燕滅秦彗起奎婁掃虛危而慕容德有齊地太白犯虛危而南燕亡熒惑在匏瓜中忽亡入東井而姚泰亡熒惑守心而李勢亡熒惑犯帝座而呂隆滅月掩心大星而魏宣武弒熒惑入南斗而孝武西奔月掩心星而齊文宣死彗星見而武成傳位彗星歷虛危而齊亡

太白犯軒轅而周閔帝弑熒惑入軒轅而明帝弑歲星掩太微上將而宇文護誅熒惑入太微而武帝死若金時則太白入太微而海陵弑白氣貫紫微而高琪殺胡沙虎彗星起大角而宋宗滅其他難以悉數夫中國之有都邑猶人家之有宅舍星氣之失如宅舍之有妖祥主人在則主人當之主人不在則居者當之此一定之理而以華夷為限斷乃儒生之見不可語於天道也

魏明帝問黄權曰天下鼎立何地為正對曰當驗天文往者熒惑守心而文帝崩吳蜀無事此其徵也晉康帝建元二年歲星犯天關安西將軍庾翼與兄冰書曰歲星犯天關占云閔梁當分比來 江東無他故江道亦不艱難而石

虎頻年再閉關不通信使此復是天公憒憒無皁白之徵也梁武帝中大通六年先是熒惑入南斗去而復還留止六旬上以諺云熒惑入南斗天子下殿走乃跣而下殿以禳之及聞魏王西奔慙曰虜亦應天象邪

星事多凶

淮南王安以客言彗星長竟天天下兵當大起謀為畔逆而自剄國除眭孟言大石自立僵柳復起當有從匹夫爲天子者而以祆言誅趙廣漢問太史知星氣者言今年當有戮死大臣即上書告丞相罪而身坐要斬甘忠可推漢有再受命之運而以罔上惑衆下獄病死弟子夏賀良等用其説以誅齊康侯知東郡有兵私語門人為王莽所殺

卜者王況以劉氏復興李氏為輔為李焉作讖書十餘萬言莽皆殺之國師公劉秀女愔言宮中當有白衣會乃以自殺西門君惠語王涉以國師公姓名當為天子遂謀以所部兵劫莽事發被誅王郎明星歷嘗以河北有天子氣而以僭位誅死襄楷言天文不利黃門常侍當族滅而卒隋王莽自殺劉焉聞董扶言益州有天子氣求為益州牧而以天火燒城憂懼病卒子璋降於昭烈孔熙先推宋文帝必以非道晏駕禍由骨肉江州當出天子而卒與范曄等謀反棄市并害彭城王郭麐言代呂者王又言涼州分野有大兵故舉事先推王詳後推王乞基而卒之代呂隆者王尚又言滅秦者晉遂面奔秦人追而殺之劉靈助占

爾朱當滅又言三月末我必入定州遂舉兵以三月被擒斬於定州苗昌裔言太祖後當再有天下趙子崧習聞其説靖康末起兵檄文頗涉不遜卒以貶死咸祖永樂末欽天監官正財成言天象將有易主之變孟賢等信之謀立趙王高燧並以伏誅是數子者之占不可謂不驗而適以自禍其身是故占事知來之術惟正人可以學

漢書謂夫子之言性與天道不可得聞而仲舒下吏夏侯因執眭孟誅戮李尋流放此學者之大戒眭兩夏侯京翼李傳潛又曰星事凶悍非湛密者弗能由也藝文志蜀漢杜瓊精於術學初不視天文無所論説譙周常問其意瓊曰欲明此術甚難須當身視識其形色不可信人也晨夜苦劇然後知

之復憂漏泄不如不知是以不復視也後魏高允精於天文游雅數以災異問允允曰陰陽災異知之甚難既已知之復恐漏泄不如不知也天下妙理至多何遽問此稚乃止北齊權會明風角玄象學徒有請問者終無所說每云此學可知不可言諸君並貴游子弟不由此進何煩問也唯有一子亦不授此術

石虎之太史令趙攬以天文死苻生之太醫令程延以方脉死故淮南子曰好事者未嘗不中註中傷也

圖讖

史記趙世家扁鵲言秦穆公寤而述上帝之言公孫支書而藏之秦讖於是出矣秦本紀燕人盧生使入海還以鬼

讖緯之說莫以為害耶
自是信莫以[illegible]為有
耶既有之定之從文
以圖出之而無一當
從之為哉

神事因奏錄圖書曰亡秦者胡也然則讖記之興實始於秦人而盛於西京之末也褚先生三代世表論引黃帝終始傳始皇備匈奴而亡秦者少子胡亥漢武殺中都官詔獄繫者而即帝位者皇曾孫病已苻生殺魚遵而代生者東海堅王宋廢帝欲南巡湘中而代子業者湘東王彧齊神武惡見沙門而亡高者宇文周武殺紇豆陵而篡周者楊堅見隋書王劭傳隋煬族李渾而禪隋者李淵唐太宗誅李君羡而華唐者武后周世宗伐張永德而繼周者藝祖

## 孔子閉房記

自漢以後凡世人所傳帝王易姓受命之說一切附之孔子如沙丘之亡外金之興皆謂夫子前知而預為之讖其

書葢不一矣魏高祖太和九年詔自今圖讖祕緯及名為孔子閑房記者一皆焚之留者以大辟論舊唐書王世充傳世充將謀篡位有道士桓法嗣者自言解圖讖乃上孔子閑房記畫作丈夫持一竿以驅羊釋云隋楊姓也干一者王字也王居羊後明相國代隋為帝也世充大悅詳此乃似今人所云推背圖者今則託之李淳風而不言孔子

隋書藝術傳臨孝恭著孔子馬頭易卜書一卷

## 百刻

一日十二時計刻則以百刻為日合曆家每時有十刻則一百二十刻矣何以謂之百刻乎曰曆家有大刻有小刻初一初二初三初四正一正二正三正四謂之大刻合一

日計之得九十六刻其不盡者置一初初於初一之上置一正初於正一之上謂之小刻每刻止當大刻六分之一合一日計之為初初者十二為正初者十二又得四大刻合前為百刻

宋王逵蠡海集言百刻之說每刻分為六十分百刻共得六千分散於十二時每時得五百分如此則一時占八刻零二十分將八刻截作初正各四刻却將二十分零数分作初初正初微刻各十一分也困學紀聞所載易氏之說亦同

周禮挈壺氏註漏箭晝夜共百刻刻字始見漢書宣帝紀五鳳三年詔曰神光孟見燭燿齋官十有餘刻又曰鸞鳳集長樂宮東闕村上飛下止地番十餘刻禮記樂記百度得

數而有常註百度百刻也靈樞經漏水下百刻以分晝夜說文漏以銅受水刻節晝夜百節隋書天文志昔黄帝創觀漏水制器取則以分晝夜其後因以命官周禮挈壺氏則其職也其法總以百刻分於晝夜梁天監六年武帝以晝夜百刻分配十二辰辰得八刻仍有餘分乃以晝夜為九十六刻一辰有全刻八焉漢哀新莽以百二十刻為日梁武以九十六刻為是如每辰得八刻仍有餘分者古法也五代史馬重績傳重績言漏刻之法以中星考晝夜為一百刻八刻六十分刻之二十為一時時以四刻十分為正此自古所用也今失其傳以午正為時始下侵未四刻十分而為午由是晝夜昏曉皆失其正請依古改正從之五代會要晉天福三年

司天監奏漏刻經云晝夜一百刻分爲十二時每時有八刻三分之一六十分爲一刻一時有八刻二十分玉海每時初行一刻至四刻六分之一爲時正終八刻三分之一則交入次時國史志每時八刻二十分每刻一擊鼓八鼓後進時牌餘二十分爲雞唱唱絶擊一十五鼓爲時正

雨水

禮記月令仲春之月始雨水桃始華倉庚鳴鷹化爲鳩始雨水者謂天所雨者水而非雪也今曆去此一句嫌於雨水爲正月中氣也鄭康成月令註曰夏小正正月啓蟄漢始亦以驚蟄爲正月中疏引漢書律歷志云正月立春節雨水中二月驚蟄節春分中夏前漢之末劉歆作三統曆改

驚蟄為二月節也然淮南子先雨水後驚蟄則漢初已有此說逸周書周月解春三中氣雨水春分穀雨而蔡邕月令問答云問者曰既不用三統以驚蟄為正月中雨水為二月節皆三統法也獨用之何曰孟夏月令曰蟄蟲始震今作振在正月也仲春始雨水則雨水二月也以其合故用之是則三統未嘗改雨水在驚蟄之前也改之者四分曆耳記疏誤也今二月間尚有雨雪唯南方地煖有正月雨水者南史宋考武帝紀天明元年正月庚午都下雨水蓋以雨水為異左傳桓五年啓蟄而郊註啓蟄夏正建寅之月夏小正正月啓蟄王應麟曰啟改為驚蟄避景帝諱則當依古以驚蟄為正月中雨水為二月節為是律歷志又先穀雨後清明

五行

淮南子五行子生母曰義母生子曰保子母相得曰專母勝子曰制子勝母曰困抱朴子引靈寶經謂支干上生下曰寶下生上曰義上克下曰制下克上曰伐上下同曰專以保為寶以困為伐今曆家承用之

建除

建除之名自斗而起如見於太公六韜云開矛門常背建向破越絕書黃帝之元執辰破已霸王之氣見於地户淮南子天文訓寅為建卯為除辰為滿巳為平午為定未為執申為破酉為危戌為成亥為收子為開丑為閉漢書王莽傳十一月壬子直建戊辰直定葢是戰國後語史記日者傳有建除家

解縉封事言治曆明時授民作事但伸播種之宜何用建除之謬方向煞神事甚無謂孤虛宜忌亦且不經東行西行之論天德月德之書臣料唐虞之曆必無此等之文所宜著者日月之行星辰之次仰觀俯察事合逆順七政之齊正此類也

艮巽坤乾

曆象天盤二十四時有所謂艮巽坤乾者不知其所始按淮南子天文訓曰子午卯酉為二繩丑寅辰巳未申戌亥為四鉤東北為報德之維西南為背陽之維東南為常羊之維西北為蹏通之維斗指子則冬至加十五日指癸則小寒加十五日指丑則大寒加十五日指報德之維則越

陰在地故曰距日冬至四十六日而立春加十五日指寅則雨水加十五日指甲則雷驚蟄加十五日指卯中繩故曰春分則雷行加十五日指乙則清明風至加十五日指辰則穀雨加十五日指常羊之維則春分盡故曰有四十六日而立夏加十五日指巳則小滿加十五日指丙則芒種加十五日指午則陽氣極故曰有四十六日而夏至加十五日指丁則小暑加十五日指未則大暑加十五日指背陽之維則夏分盡故曰有四十六日而立秋加十五日指申則處暑加十五日指庚則白露降加十五日指酉中繩故曰秋分加十五日指辛則寒露加十五日指戌則霜降加十五日指蹏通之維則秋分盡故曰有四十六日而

立冬加十五日指亥則小雪加十五日指壬則大雪加十五日指子所謂報德之維常羊之維背陽之維蹏通之維即艮巽坤乾後人省文取卦名當之爾

## 太一

太一之名不知始於何時呂東萊大事記曰古之醫者觀八風之虛實邪正以治病因有太一九宮之說黃氏日杪註呂氏春秋太一曰此時未為神名也史記天官書中宮天極星其一明者為太乙常居周禮註昊天上帝又名太乙封禪書亳人謬忌奏祠太一方曰天神貴者太一太一佐曰五帝古者天子以春秋祭太一東南郊用太牢七日為壇開八通之鬼道於是天子令太祝立其祠長安東南郊常奉祠如忌方其後人有上書言古者天子三年一用太牢祠神三一天

一地一太一天子許之令太祝領祠之於忌太一壇上如其方此太一之祠所由起易乾鑿度曰太一取其數以行九宮河圖之數戴九履一左三右七二四為肩六八為足五居中央從横十五故曰太一取其數以行九宮鄭玄註曰太一者北辰神名也下行八卦之宮每四乃還於中央中央者地神地神疑作北辰之所居故謂之九宮天數以陽出以陰入陽起於子陰起於午是以太一下行九宮從坎宮始自此而坤宮又自此而震宮既又自此而巽宮所行者半矣還息於中央之宮既又自此而乾宮自此而兌宮自此而艮宮自此而離宮行則周矣上游息於太一之星而反紫宮行起從坎宮終於離宮也後漢黃帝作九宮賦南齊書高帝紀案太一九宮占歷推自漢高帝五年至宋順帝昇

明元年太一所在易乾鑿度曰太一取其數以行九宮九宮者一為天蓬以制冀州之野二為天内以制荊州之野三為天衝其應在青四為天輔其應在徐五為天禽其應在豫六為天心七為天柱八為天任九為天英其應在雍在梁在揚在兖天衝者木也天輔者亦木也故木行太過不及其青在青在徐天柱金也天心亦金也故金行太過不及其青在梁在雍惟水無應宮焉此謂以九宮制九分野也山堂考索漢立太一祠郎甘泉泰畤也唐謂之太清紫極宮宗謂之太一宮宋朝九重太一之祠以太一飛在九宮每四十餘年而一徙所臨之地則兵疫不興水旱不作在太平興國中太宗立祠於東南郊而祀之則謂之東

太一在天聖中仁宗立祠於西南郊而祀之則謂之西太一在熙寧中神宗建集福宮而祀之則謂之中太一

宋史劉黻傳言西太一之役佞者進曰太一所臨分野則有福近歲自吴移蜀信如祈禳之説西北坤維按堵可也當作西南今五十六州安全者不能十數敗降者相繼福何在耶武帝祠太一於長安至晚年以虚耗受禍而後悔方士之謬雖其悔之弗早猶愈於終不知悔者也

正五九月

唐朝新格以正五九月為忌月令人相沿以為不宜上任考唐書武德二年正月甲子詔自今正月五月九月不得行刑禁屠殺詔曰釋典微妙淨業始於慈悲道教沖虚至德去其殘殺四時之禁無伐麛卵三驅之化

今之俗溺于釋氏之誕猶于忌三月不安葬謂

之曰吃閻王齋文覺

亦然

不敢前食蓋歎敦崇仁惠蕃衍庶物立政經邦咸率兹道朕祗膺靈命撫遂羣生言念亭育無忘鑒寐殷帝去罔庶踵前修齋王捨牛寔符本志自今以後每年正月五月九月及每月十齋日並不得行刑所在公私宜斷屠殺白居易在杭州詩曰仲夏齋戒月三旬斷腥膻雲麓漫鈔曰釋氏智論云天帝釋以大寶鏡照四大神洲每月一移察人善惡正五九月照南贍部洲唐太宗崇其教太宗嘗作高祖故正五九月不食葷百官不支羊錢其後因此遂不上官菽園雜記請新官上任應祭告神祇必須宰殺故忌之也愚按正五九月不上任自是五行家言不緣屠殺其傳已久亦不始於唐時而齊書張融傳攝祠部倉部三曹倉曹以正月俗人所忌太倉爲不可開融議不宜拘束小忌北齊書宋景業傳顯祖將受魏禪或曰陰陽書五月不可入官犯之終於其位景業

曰王爲天子無復下期豈得不終於其位乎顯祖大悦南史王鎮惡傳鎮惡以五月五日生其祖猛曰昔孟嘗君以惡月生而相齊是以五月爲惡月又考左傳鄭厲公復公父定叔之位使以十月入曰良月也就盈數焉而顔師古註漢書李廣數奇以爲命隻不耦段會宗傳亦足以復雁門之踦應劭曰踦隻也會宗從沛郡丁爲雁門又坐法免爲踦隻不耦也霍去病傳諸宿將常留落不耦是則以隻月爲良隻月爲忌喜耦憎奇古人已有之矣後漢書桓譚傳言卜數隻偶之類蓋古已有此術遼史正旦日上於寢閤擲米團得隻數爲不利

册府元龜德宗貞元十五年九月乙巳詔自今二月一日九月九日每節前放開屠一日中和重陽二節

唐人正五九月齋戒不禁閏月白居易有閏九月九日獨飲詩云自從九月持齋戒不醉重陽十五年是閏九月可

以飲酒也
册府元龜載唐開元二十二年十月敕曰道家三元誠有科誡朕嘗精意禱亦久矣而初未蒙福念不在兹今月十四日十五日是下元齋日都內人應有屠宰令河南尹李適之句當總與贖取其百司諸廚日有肉料亦責數奏來并百姓間是日並停宰殺漁獵等兼肉料食自今以後兩都及天下諸州每年正月七月十月元日起十三至十五累宜禁斷又舊唐書武宗紀會昌四年春正月乙酉朔勅齋月斷屠出於釋氏國家創業猶近梁隋卿相大臣或沿兹弊鼓刀者既獲厚利糾察者潛受請求止以萬物生植之初宜斷三日列聖忌斷一日仍准開元二十二年勅三

元日各斷三日餘月不禁此則道家之説乃正七十月而非正五九月又與武德二年之詔不同今人所謂三官齋用此後漢書南匈奴傳匈奴俗歲有三龍祠常以正月五月九月戊日祭天神此弟三長月同

## 古今神祠

史記封禪書言秦雍旁有百數十月而陳寶尤著其神或歲不至或歲數來來常以夜光輝若流星從東南來集於祠城則若雄雞其聲殷殷云野雞夜雊又云雍菅廟有杜主杜主故周之右將軍其在秦中最小鬼之神者自西京以下而秦時所奉之神絶無影響後漢劉盆子傳軍中常有齊巫鼓舞祠城陽景王以求福助巫狂言景王大怒曰當為

縣官何故為賊有笑巫者輒病軍中驚動琅邪王京傳國中有城陽景王祠吏人奉祀神數下言宮中多不便利魏書初城陽景王劉章以有功於漢故其國為立祠青州諸郡轉相倣效濟南尤盛至六百餘祠賈人或假二千石輿服導從作倡樂奢侈日甚民坐貧窮歷世長吏無敢禁絕者太祖到時為濟南相皆毀壞祠屋止絕官吏民不得祠祀應劭風俗通曰自琅邪青州六郡及渤海都邑鄉亭聚落皆為立祠造飾五工千石車商人次第為之立服帶綬倒置官屬烹殺謳歌紛藉連日轉相誑耀言有神明其龍問禍福立應歷載彌久莫之匡糾惟樂安太傅陳蕃濟南相曹操一切禁絕肅然政清陳曹之後復如故然考之於史晉時猶有其祠晉書五行志臨淄有大蛇負二小蛇入漢城陽景王祠中慕容德載紀德如齊城登營丘至漢城陽景王廟而今并無

後人乃書操之名氏何也

其廟宋書元凶劭傳以輦迎蔣侯神像於宮内啓卽稽顙乞字恩拜為大司馬封鍾山郡王食邑萬户加節鉞蘇侯為驃騎將軍胡三省通鑑注曰蘇侯神卽蘇峻南齊書蘇祖思傳為都昌令隨青州刺史入堯廟廟有蘇侯神偶坐蘇之曰昔堯聖人而與蘇侯神共坐今欲正之何如祖思曰使君若清蕩此座則是堯廟重去四凶繇是諸襍神竝除禮志明帝立九州廟於雞籠山大聚羣神蔣侯加爵位至相國大都督中外諸軍事鍾山王蘇侯至驃騎大將軍南史齊東昏侯紀迎蔣侯神入宮晝夜祈禱自誅始安王遥光遂加位相國末又號為靈帝車服羽儀一依王者曹景宗傳梁武帝時旱甚詔祈蔣帝神十旬不雨帝怒命載荻欲焚其廟將起火當神上忽有雲如繖倏忽驟雨如瀉臺中宮殿皆自振動帝懼馳詔追停少時還靜自此

帝畏信遂深自踐阼以來未嘗躬自到廟於是備法駕將朝臣修謁陳書武帝紀十月乙亥即皇帝位丙子幸鍾山祀蔣帝廟宋書孔季恭傳先是吳興頻喪太守云項羽神為卞山王居郡聽事二千石至常避之南齊書李安民傳太守到郡必須祀以軛下牛安民奉佛法不與神牛著屐上聽事又於廳上八關齋俄而牛死安民亦卒世以神為祟今南京十廟雖有蔣侯湖州亦有卞山王而亦不聞靈響魏書任城王澄除揚州刺史下車毀蔣子文之廟梁簡文帝集有吳興楚王神廟碑云楚王昆弘茲釋教止獻車牛是神牛自武帝時畢之也江總卞山楚廟詩盛祀流百世英威定幾何而梓潼二郎三官純陽之類以後出及受世人之崇奉關壯繆之祠至徧於天下封為帝君豈鬼神之道亦與時為代謝者乎應劭

言平帝時天地六宗已下及諸小神凡千七百所今營寓夷泯宰器闕亡蓋物盛則衰自然之道天其或者欲反本也而水經注引吳猛語廬山神之言謂神道之事亦有換轉昔夫子答宰我黃帝之問謂生而民得其利百年死而民畏其神百年亡而民用其教百年故曰黃帝三百年烈山氏之子曰柱食于稷湯遷之而祀棄以帝王神聖且然則其他人鬼之屬又可知矣

春秋之世猶知淫祀之非故衛侯夢夏相而甯子弗祀晉侯卜桑林而荀罃弗禱楚昭王有疾卜曰河爲祟王弗祭曰三代命祀祭不越望江漢睢漳楚之望也不穀雖不德何非所獲罪也至屈原之世而沅湘之閒竝祀河伯豈所

此岸識駕越倩

唐比隆三代矣

謂楚人鬼而越人機亦皆起於戰國之際乎夫以昭王之所弗祭者而屈子歌之可以知風俗之所從變矣雲麓漫鈔吉自

釋氏書入中国有龍王之說而河伯酒無聞矣

洪武三年六月癸亥詔曰五嶽五鎮四海四瀆之封起自唐世崇名美號歷代有加在朕思之則有不然夫嶽鎮海瀆皆高山廣水自天地開闢以至於今英靈之氣萃而為神必皆受命於上帝幽微莫測豈國家封號之所可加瀆禮不經莫此為甚至如忠臣烈士雖可加以封號亦惟當時為宜夫禮所以明神人正名分不可以僭差今宜依古定制凡嶽鎮海瀆並去其前代所封名號止以山水名稱其神郡縣城隍神號一體改正歷代忠臣烈士亦依當

時初封以為實號後世溢美之稱皆與革去庶幾神人之際名正言順於禮為當用稱朕以禮事神之意其東嶽祝文曰神有歷代之封號予詳之再三畏不敢效可謂卓絕千古之見乃永樂七年正月丙子進封漢秣陵尉蔣君之神為忠烈武順昭靈嘉佑王則何不考之聖祖之成憲也

## 佛寺

晋許榮上疏言臣聞佛者清遠玄虛之神今僧尼往往依傍法服五戒麄法尚不能遵而流惑之徒競加敬事又侵漁百姓取財為惠亦未合布施之道也雒陽伽藍記有比丘惠凝死去復活見閻羅王閱一比丘是靈覺寺寶明自云出家之前嘗作隴西太守造靈覺寺成棄官入道閻羅

王曰卿作太守之日曲理枉法叔奪民財假作此寺非卿之力何勞説此付司送入黑門此雖寓言乃當今居官奉佛之首箴砭也

梁武帝問達磨曰朕自即位以來造寺寫經度僧不可勝紀有何功德答曰並無功德帝曰何以無功德答曰此但人天小果有漏之因如影隨形雖有非實在彼法中已有能為是言者

宋明帝以故第為湘宮寺備極壯麗欲造十級浮圖而不能乃分為二新安太守巢尚之罷郡入見上謂曰卿至湘宮 未此是我大功德用錢不少通直散騎侍郎虞愿侍側曰此皆百姓賣兒貼婦錢所為佛若有知當慈悲嗟憫

罪高浮圖何功之有

泰山治鬼

嘗考泰山之故仙論起於周末鬼論起於漢末左氏國語未有封禪之文是三代以上無仙論也史記漢書未有考鬼之說是元成以上無鬼論也鹽鐵論云古者庶人魚菽之祭士一廟大夫三以時有事於五祀無出門之祭今富者祈名嶽望山川椎牛擊鼓戲倡舞像則出門進香之俗已自西京而有之矣自哀平之際而讖緯之書出然後有如遁甲開山圖所云泰山在左亢父在右亢父知生梁父主死博物志所云泰山一曰天孫言為天帝之孫主召人魂魄知生命之長短者其見於史者則後漢書方術傳許

峻自云嘗篤病三年不愈乃謁泰山請命烏桓傳死者神靈歸赤山赤山在遼東西北數千里如中國人死者魂神歸泰山也三國志管輅傳謂其弟辰曰但恐至泰山治鬼不得治生人如何而古辭怨詩行云齊度游四方各繫泰山錄人間樂未央忽然歸東嶽陳思王驅車篇云魂神所繫屬逝者感斯征劉楨贈五官中郎將詩云常恐游岱宗不復見古人應璩百一詩云年命在桑榆東嶽與我期然則鬼論之興其在東京之世乎

或曰地獄之說本於宋玉招魂之篇長人土伯則夜叉羅刹之倫也爛土雷淵則刀山劍樹之地也雖文人之寓言而意已近之矣於是魏晉以下之人遂演其說而附之釋

古有鄰夫人之廟

氏之書昔宋胡寅謂閻立本寫地獄變相而周興來俊臣得之以濟其酷又况知宋玉之文實爲之祖孔子謂爲俑者不仁有以也夫

胡俗信鬼

胡俗信鬼匈奴欲殺貳師貳師罵曰我死必滅匈奴遂屠貳師以祠會連雨雪數月畜産死人民疫病穀稼不熟單于恐爲貳師立祠室慕容儁斬冉閔於龍城遏陘山山左右七里草木悉枯蝗蟲大起人言閔爲祟儁遣使祀之謚曰悼武天王其日大雪魏太祖殺和跋誅其家後世祖西巡五原回幸豺山校獵忽遇暴風雲霧四塞世祖怪而問之羣下言跋世居此土祠冢猶存或者能致斯變帝遣古

彌祭以三牲霧即除散後世祖薨時之日每先祭之蓋伯有爲厲理固有之而胡人之畏鬼神則又不可以常情論矣

# 日知録卷之三十一

## 河東山西

河東山西一地也唐之京師在關中而其東則河故謂之河東元之京師在薊門而其西則山故謂之山西各自其畿甸之所近而言之也

古之所謂山西即今關中史記太史公自序蕭何填撫山西方言自山而東五國之郊郭璞解曰六國惟秦在山西王伯厚地理通釋曰秦漢之間稱山北山南山東山西者皆指太行以其在天下之中故指此山以表地勢正義以為華山之西非也

## 陝西

後漢郡國志陝縣有陝陌即今之陝州二伯所分故有陝東陝西之稱水經注河水又東得七里澗〻在陝西七里宋書柳元景傳龐季明率軍何陝西七里谷北史魏孝武帝紀高昂率勁騎及帝於陝西舊唐書太宗紀貞觀十一年九月丁亥河溢壞陝西河北縣今平陸縣肅宗紀乾元三年四月庚申以右羽林大將軍郭英乂為陝州刺史陝西節度潼關防禦等使肅宗諸子傳杞王倕可充陝西節度大使李渤傳澤潞節度使郗士美卒渤充弔祭使路次陝西裝具疏云已至閿鄉縣迴紇傳廣平王副元帥郭子儀領迴紇兵馬與賊戰於陝西皆謂今陝州之西後人遂以潼關以西通謂之陝西

晉時以關中為陝西晉書宣帝紀西屯長安天子命之曰昔周公旦輔成王有素雉之貢今君受陝西之任有白鹿之獻張寔傳愍帝末拜都督陝西諸軍事張華祖道梁王肜應詔詩二跡陝西寔在我王是也東晉則以荆州為陝西南齊書曰江左大鎮莫過荆揚周世二伯總諸侯周公主陝東召公主陝西故稱荆州為陝西也宋書荆州刺史下云王敦治武昌陶侃前治沔陽後治武昌王廙治江陵庾亮治武昌庾翼追襄陽復還夏口桓溫治江陵桓沖治上明王忱還江陵此後遂治江陵而晉孝武於襄陽僑立雍州考之於史桓沖為荆州刺史安帝詔曰故太尉沖昔藩陝西忠誠王室毛穆之傳庾翼專威陝西劉毅為荆州刺史安帝詔曰劉毅推轂陝西南史宋文帝紀命王華知州府留鎮陝西宋書蔡興宗為輔國將

軍南郡太守 行荊州事袁顗曰舅今出居陝西鄧琬傳晉安王子勛檄曰前將軍荊州刺史臨海王子頊練甲陝西獻徒萬數是也

亦有稱陝東者晉書載紀劉聰署在勒大都督陝東諸軍事又加崇為陝東伯慕容暐載紀秦揚兵講武運粟陝東唐太宗為秦王時拜使持節陝東道大行臺

山東河内

古所謂山東者華山以東管子言楚者山東之強國也史記引賈生言秦并兼諸侯山東三十餘郡後漢陳元傳言陛下不當都山東謂光武都雒陽蓋自函谷關以東總謂之山東唐人則以太行山之東為山東杜牧謂山東之地禹畫九土曰冀州是也而非若今之但以齊

魯為山東也古所謂河內者在冀州三面距河之內史記正義曰古帝王之都多在河東河北故呼河北為河內河南為河外又云河從龍門南至華陰東至衛州東北入海曲繞冀州故言河內蓋自大河以北總謂之河內而非若今之但以懷州為河內也

吳會

宋施宿會稽志曰按三國志吳郡會稽為吳會二郡張紘謂收兵吳會則荊揚可一孫賁傳云策已平吳會二郡朱桓傳云使部伍吳會二郡全琮傳云分丹陽吳會三郡險地為東安郡是也前輩讀為都會之會殆未是錢康功曰今平江府署之南名吳會坊漢書吳王濞傳上患吳會輕

悍按今本史記漢書並作上虞吳會稽不知順帝時始分二郡（順帝紀永建四年分會稽爲吳郡）漢初安得言吳會稽當是錢所見本未誤後人妄增之（本傳吳有章君銅山亦爲後人於章上妄增一豫字正與此同）魏文帝詩吹我東南行ゝゝ至吳會陳思王求自試表曰撫劍東顧而心已馳於吳會吳晉文王與孫皓書曰惠矜吳會施及中土魏元帝加晉文王九錫文曰埽平區宇信威吳會阮籍爲鄭沖勸晉王箋曰朝服濟江埽除吳會陳壽上諸葛亮集曰身使孫權求援吳會羊祜上疏曰西平巴蜀南和吳會荀勖食舉樂東西廂歌曰既禽庸蜀吳會是賓左思魏都賦曰覽麥秀與黍離可作謠於吳會武帝問劉毅曰吾平吳會一同天下名崇奏惠帝曰吳會僭逆幾於

百年石勒表王浚曰晉祚淪夷遠播吳會慕容廆謂高瞻曰翦鯨豕於二京迎天子於吳會丁琪諫張祚曰先公累執忠節遠宗吳會此不得以爲會稽之會也蓋漢初元有此名如曰吳都云尔（胡三省通鑑辯誤太史公謂吳爲江南一都會故後人爲吳爲吳會）若頫貫朱桓傳則後人之文偶合此二字不可以證吳王濞傳也

## 江西廣東廣西

江西之名殆不同曉全司之地竝在江南不得言西考之六朝以前其稱江西者竝在秦郡（今六合）歷陽（今和州）廬江（今廬州府）之境蓋大江自歷陽斜北下京口故有東西之名（胡三省通鑑註大江東北流故自歷陽至濡須口皆謂之江西而建業諸之江東）史記項羽本紀江西皆反揚子法言楚分江西三國志魏武帝紀進軍屯江西

郗谿吳主傳民轉相驚自廬江九江（今壽州）蘄春廣陵户十
餘萬皆東渡江〻西遂虛合肥以南惟有皖城孫瑜傳賓
客諸將多江南人晉書武帝紀安東將軍王渾出江西穆
帝紀江西乞活郭敞等執陳留内史劉仕而叛（時分北譙置陳留郡）
郗鑒傳拜安西將軍兗州刺史都督揚州江西諸軍事鎮
合肥桓伊傳進督豫州之十二郡揚州之江西五郡軍事
今之所謂江北昔之所謂江西也故晉地理志以廬江九
江自合肥以北至壽春皆謂之江西（南齊書州郡志左僕射王儉啓江西連接汝潁）
今人以江饒洪吉諸州爲江西是因唐貞觀十年分天下
爲十道其八曰江南道開元二十一年又分天下爲十五
道而江南爲東西二道江南東道理蘇州江南西道理洪

州後人省文但稱江東江西爾始見於舊唐書李峘傳執元初兼御史大夫持節都統淮西江東江西節度宣慰觀察處置等使德宗紀建中三年十月辛亥以嗣曹王臯為洪州刺史江西節度使劉禹錫和吳方之詩今歲雒中無雨雪眼前風景是江西亦建中唐以後始有此稱今之作文者乃曰大江以西謬矣

今之廣東廣西亦廣南東路廣南西路之省文也文獻通考太宗至道三年分天下為十五路其後又增三路其十七曰廣南東路其十八曰廣南西路

四川

唐時劍南一道止分東西兩川而已至宋則為益州路後改為成都府路梓州路後改為潼川府路即今潼川州利州路今保寧府廣元縣夔州路謂之川峽四路後遂省文名為四川

史記菑川國薛縣之誤

漢魯國有薛縣史記公孫弘傳齊菑川國薛縣人也言齊又言菑川而薛並不屬二國殊不可曉正義曰表云菑川國文帝分齊置都劇括地志云故劇城在青州壽光縣南三十一里故薛城在徐州滕縣界地理志薛縣屬國魯按薛與劇隔兗州及太山未詳今考儒林傳言薛人公孫弘是弘審為薛人上言齊菑川者誤耳

後漢郡國志薛本國註引地道記曰夏車正奚仲所封冢在城南二十里山上皇覽曰靖郭君冢在魯國薛城中東南陬孟嘗君冢在城中向門東向門出北邊門也詩云居常與許鄭玄曰常或作嘗在薛之旁為孟嘗君食邑史記

越世家願齊之試兵南陽莒地以聚常郊之境索隱曰常邑名蓋田文所封者魏書地形志薛縣彭城郡有奚公山奚仲廟孟嘗君冢永經注今薛縣故城側猶有文冢結石為郭作制嚴固瑩麗可尋而史記孟嘗君傳正義曰薛故城在徐州滕縣南四十四里今淄川縣志據公孫弘傳之誤文而以為孟嘗君封邑失之矣路史云公孫弘生山今淄川南四十里亦誤又按地理志菑川國二縣劇東安平樓鄉劇在今壽光縣西南東安在今臨淄縣東南一十里樓鄉未詳所在又高五三傳武帝為悼惠王冢園在齊迺割臨菑東圜悼惠王冢園邑盡以予菑川足明菑川在臨菑之東矣今之淄川不但非薛并非漢之淄川乃般陽縣耳以為漢之菑川而

又以為孟嘗君之薛此誤而又誤也

曾子南武城人

史記仲尼弟子傳曾參南武城人澹臺滅明武城人同一武城而曾子獨加南字南武城故城在今費縣西南八十里石門山下正義曰地理志定襄有武城清河有武城故此云南武城春秋襄公十九年城武城左氏註云泰山南武城縣然漢書泰山郡無南武城而有南城縣屬東海郡後漢書作南城屬泰山郡至晉始為南武城此後人之所以疑也宋程大昌澹臺祠友教堂記曰武城有四左馮翊泰山清河定襄皆以名縣而清河特曰東武城者史記平原君傳封于東武城以其與定襄皆隸趙且定襄在西故也若子游之

所寧其實魯邑而東武城者魯之北也故漢儒又加南以別之史遷之傳曾參曰南武城人者稱加也于羽傳次曾子省文但曰武城而水經注引京相璠曰今泰山南武城縣有澹臺子羽冢縣人也可以見武城之即為南武城也孟子言曾子居武城有越寇或曰寇至盍去諸曰無寓人於我室毀傷其薪木新序則云魯人攻鄪即費字曾子辭于鄪君曰請出寇罷而後復來毋使狗豕入吾舍仁山金氏言曾子書有此事作魯人攻費戰國策甘茂亦言曾子處費則曾子所居之武城費邑也哀公八年傳吳伐我子洩率故道險從武城又曰吳師克東陽而進舍于五梧後漢志云南城有東陽城引此為証今費縣西南七十里關陽鎮又可以見南城之即為武城也

南城之名見于史記齊威王曰吾臣有檀子者使守南城則楚人不敢為寇東取泗上十二諸侯皆来朝漢書但作南城孝武封城陽共王子貞為南成侯而後漢王符潛夫論云鄗畢之山南城之冢章懷太子註南城曾子父所葬在今沂州費縣西南此又南成之即南武城而在費之證也晉書南武城縣屬泰山郡費縣屬琅邪郡成化中或言嘉祥之南武山有曾子墓有漁者陷入其穴得石碣而封志之疑周世未有石碣科斗古文亦非今人所識嘉靖十二年吏部侍郎顧鼎臣奏求曾氏得後裔孫質粹於吉安之永豐還居嘉祥十八年授翰林院五經博士世襲夫曹縣之冉堌為秦相穰侯魏冉之冢史記穰侯卒于陶因葬焉水經注濟水又東逕秦相魏冉冢南而近人之撰志者以為仲弓如此之

類蓋難以盡信也

水經注大梁靈丘之誤

左傳桓九年梁伯伐曲沃註梁國在馮翊夏陽縣郤芮曰梁近秦而幸焉是也漢書地理志云馮翊夏陽縣故少梁也水經注乃曰大梁周梁伯之居也梁伯好土功大其城號曰新里民疲而潰秦遂取焉後魏惠王自安邑徙都之竹書紀年梁惠成王六年四月甲寅徙都于大梁是也是誤以少梁爲大梁而不知大梁不近秦也後漢志河南尹梁故國伯翳後註引博物記曰梁伯好土功今梁多有城亦佚漢書代郡靈丘應劭曰趙武靈王葬其東南二十里故縣氏之水經注曰史記趙敬侯二年敗齊于靈丘則名不因靈王也按史記田敬仲完世家齊

威王元年三晉因齊喪來伐我靈丘（六國表及趙魏世家並同）趙世家惠文王十四年相國樂毅將趙秦韓魏燕攻齊取靈丘十五年趙與韓魏燕共擊齊湣王敗走燕獨深入取臨菑而孟子謂蚳鼃曰子之辭靈丘而請士師此別一靈丘必在齊境後入于趙（胡三省以為即漢清河郡之靈縣今之高唐夏津皆其故地于欽齊乘則云今之滕縣東三十里明水河之南有靈丘故城未知何據趙岐孟子註但云靈丘齊下邑）而孝成王以靈丘封楚相春申君益明其不在代郡矣水經注云云是誤以趙之靈丘為齊之靈丘而不知齊境不得至代也（孟子正義引地理志代郡有靈丘縣史記正義曰靈丘蔚川縣並誤）

漢書二燕王傳

漢書燕王定國傳殺肥如令郢人按地理志肥如自屬遼

西郡不屬燕武帝本紀元朔元年秋匈奴入遼西殺太守諸侯王表言武帝下推恩之令而藩國自析長沙燕代雖有舊名皆亡南北邊矣然則肥如令之殺於燕必在元朔以前未析邊郡之時也燕王旦傳發民會圍大獵文安縣以講士馬其上云武帝時旦坐藏匿亡命削良鄉安次文安三縣是文安已削不屬燕又云昭帝立大將軍霍光秉政襃賜燕王錢三千萬益封萬三千戶昭帝本紀亦云始元元年益封燕王廣陵王及鄂邑長公主各萬三千戶然則文安縣之仍封於燕必在益封萬三千戶之後也此皆史文之互見者可以參考而得之也

徐樂傳

漢書徐樂燕郡無終人也地理志無燕郡而無終屬右北平考燕王定國以元朔二年秋有罪自殺國除而元狩六年夏四月始立皇子旦為燕王而其間為燕郡者十年而志軼之也徐樂上書當在此時而無終以其時屬燕後改屬右北平耳

## 三輔黄圖

漢西京宮殿甚多讀史殊不易曉三輔黄圖敘次頗悉以長樂未央建章北宮甘泉宮為綱而以其中宮室臺殿為目甚得體要但其無所附麗者悉入北宮及甘泉宮下則舛矣雍録駁此書思子宮萬歲宮隸甘泉之誤而謂元書已亡此出唐人所作誠然今當以明光宮太子宮二宮別為一條為長安城内諸宮永信宮中安

宫養德宫别為一條為長安宫異名長門宫鉤弋宫儲元宫宣曲宫别為一條為長安城外離宫昭臺宫犬臺宫扶荔宫蒲萄宫别為一條為上林苑内離宫宜春宫五柞宫集靈宫䢼湖宫湖當作胡見漢書揚雄傳思子宫黄山宫池陽宫步壽宫萬歲宫梁山宫回中宫首山宫别為一條為各郡縣離宫程大昌曰思子宫在湖萬歲宫在汾陰今皆以隸甘泉與史不合别有明光宫不知其地附列於後而梁山宫當并入秦梁山宫下則區分各當矣

太原

太原府在唐為北都唐書地理志曰晉陽宫在都之西北宫城周二千五百二十步崇四丈八尺都城在汾右晉潜

丘在中爾雅晉有潛丘註在太原晉陽縣今已不存志曰相傳宋修惠明寺浮屠陶土為瓦用長四千三百二十一步廣三千一百二十二步周萬五千一百五十三步其崇四丈汾東曰東城貞觀十一年長史李勣築兩城之間有中城武后時築以合東城宋史太宗紀謂之建城宮南有大明城故宮城也宮城東有起義堂倉城中有受瑞壇當日規模之閎壯可見自齊神武啟建別都與鄴城東西並立隋煬繼修宮室唐高祖因以克關中有天下則天以後名為北都五代李氏石氏劉氏三主皆興于此及劉繼元之降宋太宗以此地久為創霸之府又宋主大火有參辰不兩盛之說于是一舉而焚之矣宋史太宗紀太平興國四年五月戊子以榆次縣為新并州乙未築新城丙

申辛城北御沙河門樓盡徙餘民于新城遣使督之既出即命縱火丁酉以行宫為平晋寺陸游老學庵筆記曰太宗太平興國四年平太原降為并州廢舊城徙州於榆次今太原府又非榆次乃三交城也城在舊城東北二十里亦形勝之地本名故軍又嘗為唐明鎮有晋文公廟甚盛平太原後三年帥潘美奏乞以為并州從之於是徙晋文公廟以廟之故址為州治又徙陽曲縣於三交而榆次復為縣然則今之太原府乃三交城而太原縣不過唐都城之一隅耳其遺文舊蹟一切不可得而見矣

舊唐書崔神慶傳曰則天時擢拜并州長史先是并州有東西二城隔汾水[唐張南史送鄭録事詩六月胡天冷雙城汾水流]神慶始築城

相接每歲省防禦兵數千人邉州甚以為便此即志所云兩城之間有中城者也（僖宗乾符六年河東軍乱焚掠三城以朱玫為三城斬斫使）汾水湍悍古人何以架橋立城如此之易如長安東中西三渭橋昔為方軌而今則咸陽縣每至冬月乃一設版河陽驛杜預所立浮橋其遺蹟亦復泯然（魏書崔亮傳除安西將軍雍州刺史城北渭水淺不通船行人艱阻亮謂寮佐曰昔杜預乃造河梁况此有異長河且魏晉之日亦自有橋吾今決欲營之咸曰水淺不可為浮橋汎漲無恒又不可施柱恐難成立亮曰昔秦居咸陽横橋渡渭以象閣道此即以柱為橋今唯慮長柱不可得耳會天大雨山水暴至浮出長木數百根藉此為用橋遂成立百姓利之至今猶名崔公橋　北史于栗磾傳為豫州刺史明元南幸盟津謂栗磾曰河可橋乎栗磾曰杜預造橋遺事可想乃編大船構橋于野坂六軍既濟帝深歎美之）蒲津鐵牛求一僧懷丙其人不可得（宋史方技傳）國有六職百工與居一焉不但坐而論道者不如古人而已

## 代

春秋時代尚未通中國趙襄子乃言從常山上臨代，可取也正義曰地道記云恒山在上曲陽縣西北一百四十里北行四百五十里得恒山岋號飛狐口北則代郡也水經注引梅福上事曰代谷者恒山在其南北塞在其北谷中之地上谷在東代郡在西北則今之蔚州乃古代國境羽從趙王歇為代王歇更立陳餘為代王漢高帝立兄劉仲為代王皆此地也（今蔚州東二十里相傳有代王城）十年陳豨反十一年破豨立子恒為代王都晉陽（高祖紀）則今之太原縣矣孝文紀則云都中都（陳豨傳同）而文帝過太原復晉陽中都二歲（如淳以為先都晉陽後遷中都）又立子武為代王都中都則今之平遥縣矣正義引括地志中都故城在汾州平遥縣西南十二里又按衛綰代大陵人大陵今在文水縣北而屬代〻都中都故也代凡三遷而皆非今代州今代州之名自隋始

晋國

晋自武公滅翼今翼城縣而王命曲沃伯以一軍為晋侯其時疆土未廣至獻公始大考之於傳滅楊今洪洞縣滅霍今霍州滅耿在今河津縣滅魏在今蒲州滅虞在今平陸縣重耳居蒲在今隰州夷吾居屈在今吉州太子居曲沃在今聞喜縣而公都絳在今太平縣不過今平陽一府之境國語宰孔謂晋侯景霍以為城而汾河涑澮以為淵是也而滅虢在今陝州滅焦今陝州則跨大河之南史記晋世家言獻公時晋彊西有河西與秦接境北邊翟東至河内索隱曰河内河曲也内音汭蓋即今平陸茅城之地至惠公敗韓之後秦征河東

則內及解梁（在今臨晉縣）狄取狐廚（在今鄉寧縣）涉汾而晉境稍蹙文公始啓南陽得今之懷慶襄公敗秦于殽自此惠公賂秦之地復為晉有而以河西為境若霍太山以北大都皆狄地不屬于晉文公作三行以禦狄襄公敗狄于箕而狄患始稀悼公用魏絳和戎之謀以貨易土（在文公後六十年）平公用荀吳敗狄于太原於是晉之北境至於洞渦雒陰之閒而鄔祁（並今祁縣）平陵梗陽（今清源縣）塗水（在今榆次縣）馬首盂（今盂縣）為祁氏之邑晉陽（今太原縣）為趙氏之邑矣若成公滅赤狄潞氏而得今之潞安頃公滅肥滅鼓而得今之真定皆一一可考吾於杜氏之解綿上箕而不能無疑并唐叔之封晉陽亦未敢以為然也

## 緜上

左傳僖二十四年晉侯賞從亡者介之推不言禄禄亦弗及遂隱而死晉侯求之不獲以緜上為之田杜氏曰西河界休縣南有地名緜上水經注石桐水即緜水出介休縣之緜山北流逕石桐寺西即介子推之祠也袁崧郡國志曰界休縣有介山有緜上聚子推廟今其山南跨靈石東跨沁源世以為之推所隱而漢魏以來傳有焚山之事太原上黨西河鴈門之民至寒食不敢舉火石勒禁之而雹起西河介山大如雞子平地三尺前史載之無異辭也然考之於傳襄公十三年晉悼公蒐于緜上以治兵使士匄将中軍讓于荀偃此必在近國都之地又定公六年趙簡

子逆宋樂祁歓之酒于綿上自宋如晋其路𡸁出於西河界休乎況文公之時霍山以北大抵皆狄地與晋都遠不相及今翼城縣西亦有綿山俗謂之小綿山近曲沃當必是簡子逆樂祁之地襄公二十九年齊高豎致盧而出奔晋晋人城綿而寘旗綿式即綿山今萬泉縣南二里有介山漢書武帝紀詔曰朕用事介山祭后土皆有光應地理志汾陰介山在南今萬泉古汾陰也楊雄傳其三月將祭后土上迺帥羣臣横大河湊汾陰既祭行游介山回安邑顧龍門覽鹽池登歷觀陟西岳以望八荒雄作河東賦曰靈輿安步周流容與以覽于介山嗟文公而愍推兮勤大禹于龍門水經注亦引此謂晋太康記及地道記與永初記並言子推隱于是山而辯之以為非然

可見漢時已有二説矣

## 箕

左傳僖公三十三年狄伐晉及箕解曰太原陽邑縣南有箕城非也陽邑在今之太谷縣襄公時未為晉有傳言狄伐晉及箕猶之言齊伐我及清也必其近國之地也成公十三年厲公使吕相絶秦曰入我河縣焚我箕郜解無文必其邊河之邑秦狄皆可以爭而文公八年有箕鄭又襄公二十一年有箕遺當亦以邑氏其人者矣

## 唐

左傳昭公元年遷實沈于大夏定公四年命以唐誥而封于夏虛服虔曰大夏在汾澮之間杜氏則以為太原晉陽

縣按晉之始見春秋其都在翼括地志故唐城在絳州翼城縣西二十里堯裔子所封成王滅之而封大叔也北距晉陽七百餘里即後世遷都亦遠不相及竹書紀年康王九年唐遷于晉宣王十六年晉遷于絳況霍山以北自悼公以後始開縣邑而前此不見於傳又史記晉世家曰成王封叔虞于唐唐在河汾之東方百里翼城正在二水之東而晉陽在汾水之西又不相合竊疑唐叔之封以至侯緡之滅並在於翼史記屢言禹鑿龍門通大夏呂氏春秋言龍門未闢呂梁未鑿河出孟門之上則所謂大夏者正今晉絳吉隰之間書所云維彼陶唐有此冀方而舜之命皋陶曰蠻夷猾夏者也當以服氏之說為信又齊桓公伐晉之師僅及高梁在今臨汾縣

而封禪書述桓公之言以爲西伐大夏大夏之在平陽明矣漢書地理志註臣瓚曰所謂唐今河東永安是也師古言以瓚説爲是按永安乃今之霍州亦非也

晋都

春秋時晋國本都翼在今之翼城縣及昭侯封文侯之弟桓叔于曲沃桓叔之孫武公滅翼而代爲晋侯都曲沃在今聞喜縣漢志聞喜故曲沃其子獻公城絳居之在今太平縣之南絳州之北今太平縣南二十五里城址尚存歷惠懷文襄靈成六公至景公遷于新田在今曲沃縣杜氏曰新田今平陽絳邑縣是後魏始名曲沃當汾澮二水之間於是命新田爲絳而以其故都之絳爲故絳此晋國前後四都之故蹟也

晋自都絳之後遂以曲沃爲下國僖公十年狐突適下國然其宗廟

在爲考悼公之立成公十八年大夫逆于清原杜氏曰河東聞喜縣北有清原及次郊外庚午盟而入辛巳朝于武宫是入曲沃而朝于廟二月乙酉朔即位于朝是至絳都而平公之立襄公十六年亦云改服修官烝于曲沃但不知其後何以遂爲欒氏之邑而欒盈之入絳范宣子執魏獻子之手賂之以曲沃襄公二十三年夫以宗邑而與之其臣聽其所自爲端氏之封也留之從其所由来者漸矣

瑕

晋有二瑕其一 左傳成公六年諸大夫皆曰必居郇瑕氏之地杜氏曰郇瑕古國名水經注涑水又西南逕瑕城京相璠曰今河東解縣西南五里有故瑕城是也杜以郇瑕爲一地斷

以為二地在今之臨晉縣境其一僖公三十年燭之武見秦伯
曰許君焦瑕朝濟而夕設版焉解焦瑕晉河外五城之二
邑文公十二年晉人秦人戰于河曲秦師夜遁復侵晉入
瑕解以河曲為河東蒲坂縣南則瑕必在河外十三年晉
侯使詹嘉處瑕以守桃林之塞按漢書地理志湖故曰胡
武帝建元年更名湖水經河水又東逕湖縣故城北酈氏
注云晉書地道記太康記並言胡縣漢武帝改作湖其北
有林焉名曰桃林古瑕胡二字通用禮記引詩心乎愛矣
瑕不謂矣鄭氏註云瑕之言胡也瑕胡音同故記用其字
是瑕轉為胡又改為湖而瑕邑即桃林之塞也桓公六年軍于瑕以持之註瑕隨地書放牛桃林之野註云在華山東
今為閿鄉縣治而成公十三年

代秦成肅公卒于瑕亦此地也道元以郇瑕之瑕為詹嘉之邑誤矣左傳有三瑕而郇瑕不與焉成公十六年楚師還及瑕註瑕楚地昭公二十四年王子朝之師攻瑕及杏皆潰註瑕杏敬王邑

僖公十五年晉侯賂秦伯以河外列城五東盡虢略南及華山正義曰自華山之東盡虢之東界其閒有五城也傳稱焦瑕蓋是其二水經注陝縣故焦國竹書紀年幽王七年虢人滅焦

成公元年晉侯使瑕嘉平戎于王瑕嘉即詹嘉以邑為氏

僖公十五年瑕呂飴甥當亦同此竹書紀年惠王十九年晉獻公滅虢命瑕父呂甥邑于虢都傳謂之陰飴甥者陰亦虢地或兼食之也而解以瑕呂為姓恐非

九原

禮記檀弓趙文子與叔譽觀於九原水經注以為在京陵

京即古原字 譌作京

縣漢志太原郡京陵師古曰即九京因記文武作九京而傳會之爾（文子曰是要全領以從先大夫于九京也方氏曰九京即九原指其冢之高曰京指其地之廣曰原）古者卿大夫之葬必在國都之北不得遠涉数百里而葬於今之平遥也志以為太平之西南二十五里有九原山近是

## 昔陽

左傳昭公十二年晉荀吳偽會齊師者假道于鮮虞遂入昔陽秋八月壬午滅肥以肥子緜臯歸杜氏謂鮮虞白狄別種在中山新市縣（今新樂縣）又謂鉅鹿下曲陽縣西有肥纍城（在今藁城縣西南七十里）是也其曰昔陽肥國都樂平沾縣東有昔陽城則非也疏載劉炫之言以為齊在晉東偽會齊師當

自晋而東行也假道鮮虞遂入昔陽則昔陽當在鮮虞之東也今按樂平沾縣在中山新市西南五百餘里何當假道於東北之鮮虞而反入西南之昔陽也既入昔陽而別言滅肥則肥與昔陽不同為一安得以昔陽為肥國之都也昔陽既是肥都何以復言鉅鹿下曲陽有肥纍之城疑是肥名取于彼也肥為小國境必不遠豈肥名取鉅鹿之城建都於樂平之縣也十五年荀吴伐鮮虞圍鼓杜云鼓白狄之別鉅鹿下曲陽縣有鼓聚炫謂肥鼓並在鉅鹿昔陽即是鼓都在鮮虞以東南也二十二年傳曰晋荀吴使師偽糴者負甲以息于昔陽之門外遂襲鼓滅之則昔陽之為鼓都斷可知矣杜解昔陽故肥子所都果尔則其地已入晋何用偽糴以息其門外乎漢

書地理志鉅鹿下曲陽應劭曰晋荀吴滅鼓今鼓聚昔陽亭是也水經注泜水東逕肥纍縣之故城南又東逕昔陽城南本鼓聚十三州志曰今其城昔陽亭是矣京相璠曰白狄之别也下曲陽有鼓聚其説皆同（水經注一卷中昔陽城兩見一在下曲陽一在沾縣亦酈氏之誤也）史記趙世家惠文王十六年廉頗將攻齊昔陽取之夫昔陽在鉅鹿故屬之齊豈得越太行而有樂平乎（正義亦謬）

晋之滅狄其用兵有次第宣公十五年滅潞氏十六年滅甲氏及留吁成公十一年伐廧咎如而上黨爲晋有矣昭公元年敗無終及羣狄于大鹵而太原爲晋有矣然後出師以臨山東昭公十二年滅肥二十二年滅鼓於是太行

以南之地謂之南陽太行以東之地謂之東陽水經注引馬季長曰晋地自朝歌以北至中山為東陽自朝歌以南至軹為南陽而晋境東接于齊蓋其後之勤以八十年而鮮虞猶不服焉至魏文侯始克中山平狄之難如此

## 楚丘

春秋隱公七年戎伐凡伯于楚丘以歸杜氏曰楚丘衛地在濟陰成武縣西南夫濟陰之成武此曹地也而言衛非也蓋為僖公二年城楚丘同名而誤接衛國之封本在汲郡朝歌隱公元年解云衛国在汲郡朝歌縣　今衛輝府淇縣懿公為狄所滅渡河而東立戴公以廬于曹杜氏曰曹衛下邑詩所謂思須與漕廬者無城郭之稱而非曹國之曹也僖公二年城楚丘

杜氏曰楚丘衛邑詩所謂作于楚宫而非戎伐凡伯之楚丘也但曰衛邑而不詳其地然必在今滑縣開州之間滑在河東故唐人有魏滑分河之録矣水經注乃曰楚丘在成武西南即衛文公所徙誤矣彼曹國之地齊桓安得取之而封衛乎以曹名同楚丘之名又同遂附為一地尔今曹縣東南四十里有景山疑即商頌所云陟彼景山松柏丸丸而左傳昭公四年椒舉言商湯有景亳之命者也詩正義引皇甫謐曰蒙為北亳即景亳是湯所受命也鄘詩望楚與堂景山與京則不在此也

東昏

漢陳留郡有東昏後漢志註云陳留志曰故户牖鄉有陳

平祠而山陽郡有東緡後漢志春秋時曰緡註云左傳僖公二十三年齊侯伐宋圍緡前書師古曰緡音旻左傳解緡宋邑高平昌邑縣東南有東緡城史記絳侯周勃世家攻爰戚東緡以往索隱曰山陽有東緡縣屬陳留者音昏屬山陽者音旻括地志云東緡故城在兗州金鄉縣界水經注引王誨碑辭曰使河隄謁者山陽東昏司馬登旻以緡為昏誤矣隸釋酸棗令劉熊碑陰故守東昏長蘇勝則陳留之東昏也通鑑註李愬攻金鄉引東緡者故陽武户牖鄉亦誤

江東

古時未有瓜洲蔡寬夫詩話潤州大江本與今揚子橋對岸而瓜洲乃江中一洲耳今與揚子橋相連矣以故自古

南北之津上則由采石下則由江乘而京口不當往來之道史記秦始皇登會稽還從江乘渡正義云江乘故縣在今潤州句容縣北六十里吴徐盛作疑城自石頭至江乘晋蔡謨自土山至江乘鎮守八所城壘凡十一處皆以沿江為防守之要今其地在上元縣東北五十里唐肅宗上元元年李峘闢北固為兵場插木以塞江口劉展軍于白沙設疑兵于瓜洲多張火鼓若將趨北固者如是累日峘悉鋭兵守京口以待之展乃自上流濟襲下蜀胡三省通鑑註云此乃白沙濟江也昇州東北九十里至句容縣有下蜀戍在句容縣北近江津今江乘去江幾二十里以外皆為洲渚而渡口乃移于龍潭又瓜洲既連揚子橋江面

益狹而隋唐之代復以丹陽郡移治丹徒於是渡者舍江沙而趨京口（舊唐書張延賞傳邊江之瓜洲舟航湊會而總屬江南延賞奏請以江為界人甚便之）宋乾道四年築瓜洲南北城而京口之渡至今因之

瓜洲得名本以瓜步山之尾生此一洲故爾舊唐書齊澣傳潤州北界隔江至瓜步尾紆滙六十里船繞瓜步多為風濤漂損澣乃移漕路於京口塘下直渡江二十里又開伊婁河二十五里即達揚子縣（胡三省通鑑註今之揚子橋或是唐之揚子縣治所橋以此得名也）自是免漂損之災歲減腳錢數十萬又立伊婁埭官收其課迄今利濟為此京口漕路繇瓜洲之始玄宗紀載此事則謂之瓜洲浦而五行志開元十四年七月潤州大風從東北海濤奔上沿瓜步洲損居人永王璘傳李承

式使判官評事裴茂以步卒三千拒於瓜步洲伊婁埭則此洲本亦謂之瓜步洲也

郭璞墓

晉書郭璞傳璞以母憂去職卜葬地于暨陽去水百步許人以近水為言璞曰當即為陸矣其後沙漲去墓數十里皆為桑田王惲集乃云金山西北大江中亂石間有叢薄鵓鴿棲集為郭璞墓按史文元謂去水百步許不在大江之中且當時即以沙漲為田而暨陽在今江陰縣界不在京口又所指者璞之母而非璞也世之所傳皆誤世說載璞詩曰北阜烈烈巨海混混壘壘三墳惟母與昆則璞又有二兄同葬

蟂磯

蕪湖縣西南七里大江中蟂磯相傳昭烈孫夫人自沈於此有廟在焉按水經注武陵孱陵縣故城王莽更名孱陸之劉備孫夫人權妹也又更修之則是隨昭烈而至荆州矣蜀志曰先主既定益州而孫夫人還吳又裴松之注引趙雲别傳曰先主入益州雲領留營司馬時孫夫人以權妹驕豪多將吳吏兵縱横不法先主以雲嚴重必能整齊特任掌内事權聞備西征大遣舟船迎妹而夫人欲將後主還吳雲與張飛勒兵截江乃得後主還是孫夫人自荆州復歸于權而後不知所終蟂磯之傳殆妄

潮信

白樂天詩早潮纔落晚潮來。一月周流六十回。白是北人。

未諳潮候、今杭州之潮。每月朔日。以子午二時到。每日遲一刻有餘。至望日。則子潮降而為午。午潮降而為夜。子以後半月復然。西興江岸上有候潮碑故大月之潮。一月五十八回。小月則五十六回。無六十回也。水月皆陰之屬。月之麗天。出東入西。大月二十九回。小月二十八回。亦無三十回也。所以然者。陽有餘、而陰不足。自然之理也。

胥門

史記吳王既殺子胥吳人為立祠于江上號曰胥山水經注引虞氏曰松江北去吳國五十里江側有丞胥二山山谷有廟魯哀公十三年越使二大夫疇無餘謳陽等伐吳吳人敗之獲二大夫大夫死故立廟於山上號曰丞胥二

王也胥山上今有壇石長老云胥神所治也一以為子胥一以為越大夫今蘇州城之西南門曰胥門陸廣微吳地記云本伍子胥宅因名非也趙樞生曰按吳越春秋吳王夫差十三年將與齊戰道出胥門因過姑胥之臺則胥未死已名為胥門愚考左傳哀公十一年艾陵之戰胥門巢將上軍胥門氏巢名蓋居此門而以為氏者如東門遂桐門右師之類周礼大司馬帥以門名註古者軍將蓋為營治于國門魯有東門襄仲宋有桐門右師皆上卿為軍將者也則是門之名又必在夫差以前矣淮南子句踐甲卒三千人以擒夫差於姑胥越絕書吳王起姑胥之臺五年乃成姑胥山名也不可知其所始其字亦為姑蘇國語吳王帥其賢良與其重祿以上姑蘇史記越伐吳敗

之姑蘇伍被對淮南王言見麋鹿游姑蘇之臺古胥蘇二字多通用戰國策以包胥爲勃蘇詩山有扶蘇傳曰扶蘇扶胥

## 闕里

水經注孔廟東南五百步有双石闕故名闕里按春秋定公二年夏五月壬辰雉門及兩觀災冬十月新作雉門及兩觀註雉門公宮之南門兩觀闕也禮記昔者仲尼與于蜡賓事畢出游于觀之上史記魯世家煬公築茅闕門蓋闕門之下其里即名闕里而夫子之宅在焉亦謂之闕黨魯論有闕黨童子荀子仲尼居于闕黨是也後人有以居爲氏者漢書儒林傳有鄒人闕門慶忌註云姓闕門名慶忌後漢書獻帝紀下邳丞城闕宣註闕黨童子之後讖之言代漢者當塗高當塗而高者闕也故闕宣自稱天子

## 杏壇

今夫子廟庭中有壇石刻曰杏壇闕里志杏壇在殿前夫子舊居非也杏壇之名出自莊子莊子曰孔子遊乎緇帷之林休坐乎杏壇之上弟子讀書孔子弦歌鼓琴奏曲未半有漁父者下船而來須眉交白被髮揄袂行原以上距陸而止左手據膝右手持頤以聽曲終又曰孔子乃下求之至於澤畔方將杖拏而引其船顧見孔子還鄉而立孔子反走再拜而進又曰客乃刺船而去延緣葦間顏淵還車子路授綏孔子不顧待水波定不聞拏音而後敢乘司馬彪云緇帷黑林名也杏壇澤中高處也莊子書凡述孔子皆是寓言漁父不必有其人杏壇不必有其地即有之

亦在水上葦間依陂旁渚之地不在魯國之中也明矣今之杏壇乃宋乾興間四十五代孫道輔增修祖廟移大殿於後因以講堂舊基甃石為壇環植以杏取杏壇之名名之耳

## 徐州

史記齊太公世家曰常執簡公于徐州田敬仲完世家宣王九年與魏襄王會徐州諸侯相王也七年楚圍我徐州魏世家襄王元年與諸侯會徐州楚世家威王七年齊孟嘗君父田嬰欺楚楚伐齊敗之於徐州越世家句踐已平吴乃以兵北渡淮與齊晉諸侯會于徐州魯世家頃公十九年楚伐我取徐州索隱曰徐音舒徐州齊邑薛縣是也非九州之徐按後漢書志薛本國六國時曰徐州在今滕縣之南薛河北有大城

田文所築也此與楚魏二國為境而威王曰吾吏有黔夫者使守徐州則燕人祭北門趙人祭西門從而從者七千餘家並與梁惠王言不欲作魏吏以燕趙令之耳

索隱曰說文邻郲之下邑在魯東又竹書紀年云梁惠成王三十一年邳遷于薛改名曰徐州則徐與邻並音舒也今讀為禹貢徐州之徐者誤齊世家田常執簡公于徐州春秋正作舒州

向

春秋隱二年莒人入向杜氏解曰譙國龍亢縣東南有向城桓十六年城向無解宣四年公及齊侯平莒及郯莒人不肯公伐莒取向解曰向莒邑東海丞縣東南有向城遠

疑也襄二十年仲孫速會莒人盟于向解曰莒邑按春秋向之名四見於經而杜氏註為二地然其實一向也先為國後并於莒而或屬莒或屬魯則以攝乎大國之間耳承縣今在嶧杜氏以其遠而疑之況龍尤在今鳳陽之懷遠乎〔水經注於軹縣白城下引向／姜不安于莒而歸尤誤〕齊乘以為今沂州之向城鎮〔州西南／一百里〕近之矣

小穀

春秋莊三十二年城小穀左氏傳曰為管仲也蓋見昭十一年申無宇之言曰齊桓公城穀而寘管仲焉至於今賴之而又見僖二年經書城楚丘之出於諸侯謂仲父得君之專亦可勸諸侯以自封也是不然仲所居者穀也此所

城者小穀也春秋有言穀不言小者莊二十三年公及齊侯遇于穀僖二十六年公以楚師伐齊取穀文十七年公及齊侯盟于穀成三年叔孫僑如會晉荀首于穀四書穀而一書小穀別于穀也范甯曰小穀魯地然則城小穀者内城也故不繫之齊而與管仲無與也漢高帝以魯公禮葬項羽于穀城即此魯之小穀而註引皇覽以為東郡之穀城與留侯所葆之黄石同其地其不然明矣春秋發微曰曲阜西北有小穀城

泰山立石

嶽頂無字碑世傳為秦始皇立按秦碑在玉女池上李斯篆書高不過四五尺而銘文并二世詔書咸具不當又立

此大碑也考之宋以前亦無此說因取史記反覆讀之知爲漢武帝所立也史記秦始皇本紀云上泰山立石封祠祀其下云刻所立石是秦石有文字之證今李斯碑是也封禪書云東上泰山泰山之艸木葉未生乃令人上石立之泰山巔上遂東巡海上四月還至奉高上泰山封而不言刻石是漢石無文字之證今碑是也後漢書祭祀志亦云上東上泰山乃上石立之泰山巔然則此無字碑明爲漢武帝所立而後之不讀史者誤以爲秦耳

始皇刻石之處凡六史記書之甚明于鄒嶧山則上云立石下云刻石頌秦德于泰山則上云立石下云刻所立石於之罘則二十八年云立石二十九年云刻石于琅邪則

云立石刻頌秦德于會稽則云立石刻頌秦德無不先言立後言刻者惟于碣石則云刻碣石門〻自是石不須立也古人作史文字之密如此使秦王別立此石秦史焉得不紀使漢武有文刻石漢史又安敢不錄乎

泰山都尉

後漢書桓帝紀永興二年泰山琅邪賊公孫舉等反殺長吏永壽元年七月初置泰山琅邪都尉官延熹五年八月己卯罷琅邪都尉官八年五月壬申罷泰山都尉官金石錄載漢泰山都尉孔宙碑云宙以延熹四年卒蓋卒後四年官遂廢矣然泰山都尉實不始于此光武時曾置之文苑傳夏恭光武時拜郎中再遷泰山都尉又按光武紀建

武六年初罷郡國都尉官恭之遷蓋在此年前也泰山自公孫舉東郭竇勞丙叔孫無忌相繼叛乱以是置都尉之官以後官雖不設而郡兵領於太守其力素厚故何進使府掾泰山王匡東發其郡強弩而應劭夏侯淵亦以之破黃巾可見漢代不廢郡兵之效而建安中曹公表曰泰山郡界曠遠舊多輕悍權時之宜可分五縣為嬴郡則其時之習俗又可知矣

濟南都尉

漢濟南郡太守治東平陵而都尉治於陵者以長白山也今龍山驛東有東平陵城後漢書侯霸傳註於陵故城在今淄川長山縣南魏書辛子馥傳長白山連接三齊瑕丘數州之界多有盜賊子馥受使檢覆

因辨山谷要害宜立鎮戍之所又諸州豪右在山鼓儔姦黨多依之又得密造兵仗亦請破罷諸治朝廷善而從之隋大業九年齊人孟讓王薄等衆十餘萬據長白山攻剽諸郡以張須陀王世充之力不能滅訖于隋亡觀此二事則知漢人立都尉治於陵之意矣

鄒平臺二縣

漢書濟南郡之縣十四一曰東平陵二曰鄒平三曰臺四曰梁鄒功臣表則有臺定侯戴野梁鄒孝侯武虎是三縣並為侯國後漢書濟南郡十城其一曰東平陵其四曰臺其七曰梁鄒其八曰鄒平而安帝紀云延光三年二月戊子濟南上言鳳皇集臺縣丞霍收舍樹上章懷太子註云

臺縣屬濟南郡故城在今齊州平陵縣北晏子春秋景公爲晏子封邑使田無宇致臺與無鹽水經注亦云濟水又東北過臺縣北尋其上下文句本自了然後人讀漢書誤從鄒字絶句因以鄒爲一縣平臺爲一縣齊乘遂謂漢濟南郡有鄒縣後漢改爲鄒平又以臺平臺爲二縣此不得其句讀而妄爲之説也

漢以鄒名縣者五魯國有騶亦作鄒膠東國有鄒盧千乘郡有東鄒與濟南之鄒平梁鄒凡五其單稱鄒者今兗州府之鄒縣也亦有平臺屬常山郡外戚恩澤侯表平臺康侯史玄後漢書邳彤傳尹綏封平臺侯是也有鄒平有臺而亦有鄒有平臺不可不辨也

晋時縣名多沿漢舊按史何曾傳曾孫機爲鄒平令是有鄒平矣解系傳父脩封梁鄒侯劉頌傳追封梁鄒縣侯是有梁鄒矣宋書言晋太康六年三月戊辰樂安梁鄒等八縣隕霜傷桑麥文帝紀元嘉二十八年五月乙酉亡命司馬順則自號齊王據梁鄒城八月癸亥梁鄒平斬司馬順則是宋有梁鄒矣不知何故晋書地理志於樂安國下單書一鄒字此史之闕文而齊乘乃云晋省梁鄒入鄒縣夫晋以前此地本無鄒縣而何從入之乎蓋不知而妄作者矣

## 夾谷

春秋定公十年夏公會齊侯于夾谷傳曰公會齊侯于祝

其實夾谷杜預解及服虔註史記皆云在東海祝其縣劉昭志杜佑通典因之遂謂夾谷山在今贛榆縣西五十里按贛榆在春秋爲莒地與齊魯之都相去各六五百里何必若此之遠當時景公之觀不過曰遵海而南放于琅邪而已未聞越他國之境金史云淄川有夾谷山一統志云夾谷山在淄川縣西南三十里舊名祝其山其陽即齊魯會盟之處萌水發源於此水經注萌水出般陽縣西南甲山是以甲山爲夾谷也而萊蕪縣志則又云夾谷在縣南三十里接新泰界未知其何所據然齊魯之境正在萊蕪東至淄川則已入齊地百餘里二說俱通又按水經注萊蕪縣曰城在萊蕪谷當路阻絶兩山間道由南北門舊說

云齊靈公滅萊萊氏播流此谷邑落荒蕪故曰萊蕪禹貢所謂萊夷也夹谷之會齊侯使萊人以兵劫魯侯宣尼稱夷不亂華是也是則會於此地故得有萊人非召之東萊千里之外也（萊人遷此已久號其故國為東萊）不可泥視其之名而遠求之海上矣

濰水

濰水出琅邪郡箕屋山（今在莒州西北九十里）書禹貢濰淄其道左傳襄公十八年晉師東侵及濰是也其字或省水作維或又省糸作淮又或從心作惟総是一字漢書地理志琅邪郡朱虛下箕下作維靈門下橫下折泉下作淮上文引禹貢惟淄其道又作惟一卷之中異文三見（馬文偉曰漢書王子侯表城陽頃王

隹音追　佳音加

子東淮侯類封北海（按北海郡別無淮水蓋亦濰之異文）通鑑梁武帝紀魏李叔仁擊邢杲于惟水（胡三省註惟當作濰）古人之文或省或借其旁並以鳥隹之隹則一作後人誤讀為淮沂其乂之淮而呼此水為槐河失之矣（按淮當以佳人之佳乃得声今本說文亦誤）

又如三國志吳主傳作棠邑涂塘以淹北道晉書宣帝紀王淩詐言吳人塞涂水武帝紀琅邪王伷出涂中海西公紀桓溫自山陽及會稽王昱會于涂中孝武紀遣征虜將軍謝石帥舟師屯涂中安帝紀譙王尚之衆潰逃于涂中並是滁字南史程文季傳秦郡前江浦通涂水是也古滁省作涂與濰省作淮正同韻書並不收此二字

嶗山

劳山之名齊乘以為登之者劳又云一作牢丘長春又改為鰲皆鄙淺可笑按南史明僧紹隱于長廣郡之嶗山本艸天麻生太山嶗山諸山則字本作嶗若魏書地形志唐書姜撫傳宋史甄棲真傳並作牢乃傳寫之誤魏書高祖紀釋老志並仍作劳山

詩山川悠遠維其劳矣箋云劳勞廣闊則此山或取其廣闊而名之鄭康成齊人劳劳蓋齊語也

山海經西山經亦有劳山與此同名

寰宇記秦始皇登劳盛山望蓬萊後人因謂此山一名劳盛山誤也劳盛二山名劳即劳山盛即成山史記封禪書七曰日主祠成山成山斗入海漢書作盛山古字通用齊

之東偏環以大海〻岸之上莫大于勞成二山故始皇登之史記秦始皇紀令入海者齎捕巨魚具而自以連弩候大魚至射之自琅邪北至榮成山弗見至之罘見巨魚射殺一魚正義曰榮成山即成山也按史書及前代地理書並無榮成山予向疑之以為其文在琅邪之下成山之上必勞字之悞後見王充論衡引此正作勞成山乃知昔人傳寫之誤唐時諸君亦未之詳考也遂使勞山并盛之名成山冒榮之號今特著之以正史書二千年之誤

長城

春秋之世田有封洫故隨地可以設關而阡陌之間一縱一横亦非戎車之利也觀國佐之對晉人則可知矣至于

戰國井田始廢而車變為騎于是寇鈔易而防守難不得已而有長城之築史記蘇代傳燕王曰齊有長城鉅防足以為塞竹書紀年梁惠成王二十年齊閔王築防以為長城後漢志濟北國盧（今長清縣）有長城至東海泰山記泰山西有長城緣河經泰山一千餘里至琅邪臺入海此齊之長城也史記秦本紀魏築長城自鄭（今華州）濱洛以北有上郡蘇秦傳說魏襄王曰西有長城之界竹書紀年惠成王十二年龍賈帥師築長城于西邉此魏之長城也後漢志河南郡卷（絳侯世家正義引括地志云故卷城在鄭州原武縣西北七里釋例地名云卷縣所理垣雍城也）有長城經陽武到密此韓之長城也水經注盛弘之云葉東界有故城始犨縣東至瀙水達泚陽南北數百里號為

方城一謂之長城郡國志曰葉縣有長城曰方城又越世家正義引括地志云故長城在鄧州内鄉縣東七十五里南入穰縣北連翼望山無土之處累石為固楚襄王作霸南土爭強中國多築列城于北方以通華夏號為方城此楚之長城也若趙世家成侯六年中山築長城又言肅侯十七年築長城劉伯莊云從雲中以北至代非也武靈王時始有雲中正義曰此長城疑在漳水之北趙南界則趙與中山亦有長城矣以此言之中國多有長城不但北邊也

具在北邊者史記匈奴傳秦宣太后起兵伐殘義渠於是秦有隴西北地上郡築長城以拒胡此秦之長城也魏世家惠王十九年築長城塞固陽正義曰括地志云棝陽縣漢舊縣也在銀州銀城縣界棝陽有連山東至黄河西南至夏會等州此魏之長城也匈奴傳又言趙武靈王北破林胡樓煩築長城正義曰括地志云趙武靈王長城在朔州善陽縣北

按水經云百道長城北山上有長垣若頽毀自代並陰山
爲公奚亘嶺東西無極蓋趙武靈王所築也
索隱曰徐廣云西安陽縣北有陰山陰山在河南陽山下
北也正義曰括地志云陰山在朔州絕塞外突厥界
至高闕爲塞徐廣曰在朔方正義曰地理志云朔方臨
戎縣北有連山險于長城具山中斷兩峯俱
峻俗名爲高闕也而置雲中雁門代郡此趙之長城也燕將秦開
襲破東胡東胡卻千餘里燕亦築長城自造陽韋昭曰地名在上谷
○正義曰按上谷郡今嬀州至襄平索隱曰韋昭云今遼東所理也置上谷漁陽右北
平遼西遼東郡以拒胡此燕之長城也秦滅六國而始皇
帝使蒙恬將十萬之衆北擊胡悉收河南地因河爲塞索隱
曰按太康地記秦塞自五原北九里謂之造陽東行終利貴山南漢陽西是也築四十四縣城臨河
徙適戍以充之而通直道索隱曰蘇林云去長安十里正南北相直道也自九原
至雲陽索隱曰韋昭云九原縣屬五原郡正義曰括地志云勝州連谷縣本秦九原郡漢武帝更名五原雲

陽雍縣秦之林光宮即漢之甘泉宮在焉又云秦故道在慶州華池縣西四十五里子午山上自九原至雲陽千八百里因邊山險塹谿谷可繕者治之起臨洮至遼東萬餘里索隱曰韋昭曰臨洮隴西縣正義曰括地志云秦隴西郡臨洮縣即今岷州城本秦長城首起岷州西十二里延袤萬餘里東入遼水之度河據陽山北假中北假北方田官主以田假與貧人故云北假索隱曰應劭云北假在北地陽山北韋昭云北假地名正義曰括地志云漢五原郡河目縣故城在北假中北假在河北今屬勝州銀城縣漢書王傳云五原北假膏壤殖穀此秦并天下之後所築之長城也自此以後則漢武帝元朔二年遣將軍衛青等擊匈奴取河南地築朔方復繕故秦時蒙恬所為塞因河為固魏明元帝泰常八年二月戊辰築長城於長川之南起自赤城西至五原延袤二千餘里太武帝太平真君七年五月丙戌發司馬定冀四州十萬人築城北史作畿上塞圍起

上谷西至河廣袤皆千里北齊文宣帝天禄三年十月乙
未起長城自黄櫨嶺北至社干戍四百餘里立三十六戍
通鑑註此長城蓋起于唐石州北抵武州之境六年發民一百八十萬築長城自
幽州北夏口至恒州九百餘里通鑑註幽州夏口即居庸下口也幽州軍都縣西北
有居庸關先是自西河總秦戍築長城東至於海前後所築東
西凡三千餘里率十里一戍其要害置州鎮凡二十五所
八年於長城内築重城自庫洛拔而東至於塢紇戍凡四
百餘里而斛律羡傳云羡以北虜屢犯邊須備不虞自庫
堆戍東距於海隨山屈曲二千餘里其間二百里中凡有
險要或斬山築城或斷谷起障并置立戍邏五十餘所周
宣帝大象元年六月發山東諸州民修長城立亭障西自

雁門東至碣石隋文帝開皇元年四月發稽胡修築長城五年使司農少卿崔仲方發丁三萬於朔方靈武築長城東距黄河西至綏州南至勃出嶺綿歴七百里六年二月丁亥復令崔仲方發丁十五萬於朔方以東緣邊險要築數十城七年發丁男十萬餘人修長城大業三年七月發丁男百餘萬築長城西踰榆林東至紫河四年七月辛巳發丁男二十餘萬築長城自榆林谷而東此又後史所載繼築長城之事也

大明一統志

永樂中命儒臣纂天下輿地書至天順五年乃成賜名曰大明一統志御製序文而前代相傳如括地志太平寰宇

此等書非當王命之纂修則不得詳然命

遺白軒

洎高士奇纂修諸臣
無不虛應故事遂致舛
謬若此何可據憑

記之書皆廢今考其書舛謬特甚略摘數事以資後人之
改定云
一統志三河本漢臨泃縣地今考兩漢書並無臨泃縣唐
書地理志幽州范陽郡潞縣下云武德二年置臨泃縣貞
觀元年省臨泃而薊州漁陽郡三河下云開元四年析潞
縣置故知本是一地先分為臨泃後分為三河皆自唐非
漢也
一統志引古事舛戾最多未有密雲山之可笑者晉書
石季龍載記段遼棄令支奔密雲山遣使詐降季龍使征
東將軍麻秋迎之遼又遣使降于慕容皝曰胡貪而無謀
吾今請降求迎彼不疑也若伏重兵要之可以得志皝遣

子恪伏兵于密雲麻秋統兵三萬迎遼為恪所襲死者什六七秋步遁而歸是役遼與燕合謀而敗趙之衆也今一統志云密雲山在密雲縣南一十五里亦名横山昔燕趙伏兵於此大獲遼衆是乃以爲趙與燕謀而敗遼之衆又不言役而曰遼似以遼為國名豈修志諸臣并晉書而未之見乎

一統志楊令公祠在密雲縣古北口祀宋楊業按宋史楊業傳業本太原降將太宗以業老於邊事遷代州兼三交今陽曲縣駐泊兵馬都部署會契丹入雁門業領麾下數千騎自西京而出由小陘至雁門北口南嚮背擊之契丹大敗以功遷雲州觀察使雍熙三年大兵北征以忠武軍節度

使潘美為雲應路行營都部署命業副之以西上閤門使蔚州刺史王侁軍器庫使順州團練使劉文裕護其軍諸軍連拔雲應寰朔四州師次桑乾河會曹彬之師不利諸路班師美等歸代州未幾詔遷四州之民於內地令美等以所部兵護之　契丹復陷寰州侁令業趣鴈門北川業以為必敗不可侁逼之行業指陳家谷口曰諸君于此張步兵強弩為左右翼以援美即與侁領麾下兵陳于谷口自寅至巳侁使人登托邏臺望之以為契丹敗走欲爭其功即領兵離谷口美不能制乃緣交河西南行二十里俄聞業敗即麾兵卻走業力戰至谷口望見無人即拊膺大慟再率帳下士力戰身被數十創士卒殆盡業猶手刃數

十人馬重傷不能進為契丹為擒不食三日死是業生平未嘗至燕況古北口又在燕東北二百餘里地屬契丹久矣業安得而至此且史明言雁門之北口而以為密雲之古北口是作志者東西尚不辨何論史傳哉又按遼史聖宗紀統和四年七月丙子樞密使斜軫奏復朔州擒宋將楊繼業耶律斜軫傳繼業敗走至狼牙村衆軍皆潰繼業為飛矢所中被擒與宋史畧同密雲縣志威靈廟在古北口北門外一里祀宋贈太尉大同軍節度使楊公成化十八年禮部尚書周洪範記引宋史全文而不辨雁門北口之非其地豐潤縣志令公村在縣西十五里宋楊業屯兵拒遼於此有功故名並承一統志而誤

遺白軒

一統志遼章宗陵在三河縣北五十五里考遼無章宗其
一代諸帝亦無葬三河者
一統志金太祖陵世宗陵俱在房山縣西二十里三峯山
下宣宗陵章宗陵俱在房山縣西大房山東北按金史海
陵紀貞元三年三月乙卯命以大房山雲峯寺為山陵建
行宮其麓五月乙卯命判大宗正事京等如上京奉遷太
祖太宗梓宮十一月乙巳朔梓宮發丕承殿戊中山陵禮
成正隆元年七月己酉命太保昂如上京奉遷始祖以下
梓宮八月丁丑如大房山行視山陵十月乙酉葬始祖以
下十帝於大房山閏月己亥朔山陵禮成又太祖紀太祖
葬睿陵太宗紀太宗葬恭陵世宗紀世宗葬興陵章宗紀

章宗葬道陵又熙宗紀帝被弒葬于皇后裴滿氏墓中貞元三年改葬于大房山蓼香甸諸王同兆域大定初追上謚號陵曰思陵二十八年改葬于峨眉谷仍號思陵又海陵紀葬于大房山鹿門谷後降為庶人改葬于山陵西南四十里又睿宗紀大定二年改葬于大房山號景陵顯宗紀大定二十五年十一月庚寅葬于大房山章宗即位號曰裕陵是則金代之陵自上京而遷者十二帝其陵曰光曰熙曰建曰輝曰安曰定曰永曰泰曰獻曰喬曰睿曰恭其崩于中都而葬者二帝其陵曰興曰道被弒者一帝其陵曰思追謚者二帝其陵曰景曰裕被弒而降為庶人者一帝葬在兆域之外而宣宗則自即位之二年遷于南京

三年五月中都為蒙古所陷葬在大梁非房山矣今一統志止有四陵而誤列宣宗又躋于章宗之上諸臣不學之甚也

漢書地理志樂浪郡之縣二十五其一曰朝鮮應劭曰故朝鮮國武王封箕子於此志曰殷道衰箕子去之朝鮮山海經曰朝鮮在列陽東海北山南註朝鮮今樂浪縣箕子所封也在今高麗國境內慕容氏於營州之境立朝鮮縣魏又於平州之境立朝鮮縣但取其名與漢縣相去則千有餘里一統志乃曰朝鮮城在永平府境內箕子受封之地則是箕子封於今之永平矣當日儒臣令稍知今古者為之何至於此為之太息

一統志登州府名宦下云劉興居高祖孫齊悼惠王肥子誅諸呂有功封東牟侯惠澤及於邦人至今廟祀不絶考史記漢書本紀年表興居以高后六年四月丁酉封孝文帝二年冬十月始令列侯就國春二月乙卯立東牟侯興居爲濟北王其明年秋以反誅是興居之侯於東牟僅三年其奉就國之令至立爲濟北王相距僅五月其曾到國與否不可知安得有惠澤及人之事歷二千年而思之不絶者乎甚矣修志者之妄也

王文公虔州學記虔州江南地最曠大山長谷荒翳險阻以曠字絶爲一句谷字絶爲一句阻字絶爲一句文理甚明今一統志贛州府形勝條下摘其二語曰地最曠大山

長谷荒句讀之不通而欲從事於九丘之書真可為千載笑端矣

交阯

大學衍義補曰交阯本秦漢以來中國郡縣之地秦為象郡地漢武帝平南越置交阯九真日南三郡五代時為劉隱所并至宋初始封為郡王然猶授中國官爵勲階如所謂特進檢校太尉靜海軍節度觀察等使及賜號推誠順化功臣皆加內地之臣未始以國稱也其後封南平王奏章文移猶稱安南道孝宗時始封以王稱國而天下因以高麗真臘視之不復知其為中國之郡縣矣李氏傳八世陳氏傳十二世至日焜為黎季犛所篡季犛、一表竄姓名為胡一元子蒼易名奆詐

陸西謄嘆　清絶所考之
與吾同

稱陳氏絶嗣蒼為甥求權署國事我太宗皇帝從其請逾
年陳氏孫名添平者始適至京愬其實季犛乃表請迎添
平還國朝廷不逆其詐遣使送添平歸抵其境季犛伏兵
殺之并及使者事聞太宗徧告於天地神祇聲罪致討遣
征夷將軍朱能等征之能道卒命副將張輔總其兵生禽
季犛及其子蒼澄獻俘京師詔求陳氏遺裔立之國人咸
稱季犛殺之盡無可繼者僉請復古郡縣遂如今制立交
阯都布按三司及各府州縣衛所諸司一如内地其後有
黎利者乃其夷中之夷也中官庇之遂致猖肆上表請立
陳氏後宣宗皇帝謂此皇祖意也遂聽之即棄其地俾復
為國嗚呼自秦并百粤交阯之地已與南海桂林同入中

遺白軒

國漢武立嶺南九郡而九真日南交阯與焉在唐中葉江南之入仕中國顯者猶少而愛州人姜公輔（唐書姜公輔愛州日南人）已仕中朝為學士宰相與中州之士相頡頏矣李何世歷五代為土豪所據宋興不能討之遂使茲地淪於蠻夷之域而為侏儒藍縷之俗三百餘年而不得與南海桂林等六部同為衣冠禮樂之區一何不幸哉按交阯自漢至唐為中國之地在宋為化外州雖貢賦版籍不上戶部然聲教所及皆邊州帥府領之永樂間平定其地設交阯都指揮使司布政使司按察司各一衛十千戶所二府十五（六年十月自州陞為府者二）州四十一縣二百八市舶提舉司一巡檢司百稅課司局等衙門九十二而升遐之後上尊謚議以復

交阯郡縣於數千載之後驅漢北殘虜於數萬里之外為言旣述武功之成亦侈輿圖之廣後以兵力不及而棄之乃天順中修一統志竟以安南與占城暹羅等國同為一卷天順八年七月實録寧遠州本中國地國初屬雲南布政司宣德初黎利叛朝廷予之故地乃以寧遠州及廣西太平府之祿州為所占當時有司失於簡察今遂陷于夷嗟乎巳濮楚鄧吾南土也狃域中之見而忘無外之規吾不能無議夫儒臣者

大明清類天文分野書洪武十七年閏十月進其中如上都大寧遼東諸郡縣並載前代沿革而云本朝未立內地如河間府之莫州莫亭會川樂壽亦具前代沿革而云本朝未立不以一時郡縣之有無而去歷代相因之版籍甚為有體

遺白軒

薊

漢書薊故燕國召公所封後漢書薊本燕國刺史治自七國時燕都於此項羽立臧荼為燕王都薊高帝因之為燕國元鳳元年燕刺王旦自殺國除為廣陽郡本始元年為廣陽國建武十三年省屬上谷永平八年一作永元六年復為廣陽郡晉復為燕國魏為燕郡隋開皇初廢大業初置涿郡唐天寶元年更名范陽郡並治薊水經㶟水過廣陽薊縣北又東至漁陽雍奴縣註今城內西北隅有薊丘因丘以名邑也後漢書彭寵傳反漁陽自將二萬餘人攻朱浮寵於薊晉書載記魏圍燕中山清河王會自龍城遣兵赴救建威將軍餘崇為前鋒至漁陽遇魏千餘騎鼓譟直進殺

十餘人魏騎潰去崇亦引還會乃上道徐進始達薊城即此三事可見薊在漁陽之西唐書地理志幽州范陽郡治薊開元十八年析置薊州漁陽郡治漁陽及遼改薊為析津縣因此薊之名遂没于此而存於彼今人乃以漁陽為薊而忘其本矣史記樂毅書薊丘之植〻于汶篁此即水經注所言薊丘

禮記樂記武王克殷反商未及下車而封黃帝之後於薊史記及水經注並云堯後疏云今涿郡薊縣是也即燕國之都孔安國司馬遷及鄭皆云燕祖召公與周同姓按黃帝姓姬召公蓋其後也穀梁傳曰燕周之分子也皇甫謐因謂召公為文王之庶子而范甯註之以為成王所封然考左傳富辰之言不叙及燕按此以薊燕為一國而召公即黃帝之後史

遺白軒

記周本紀武王封帝堯之後於薊封召公奭於北燕正義曰按周封以五等之爵薊燕二國俱武王立因燕山薊丘為名其地足自立國後薊微燕盛乃并薊居之其說為長

## 夏謙澤

晉書載記慕容寶盡徙薊中府庫北趨龍城魏石河頭引兵追及之于夏謙澤胡三省通鑑註夏謙澤在薊北二百餘里恐非按水經注鮑丘水東南流逕潞城南又東南入夏澤澤南紆曲渚一十餘里北佩謙澤眇望無限也下云鮑丘水又東與泃河合三河志鮑丘河在縣西二十五里源自口外南流經九莊嶺過密雲合道人溪至通州之米莊村合沽水入泃河今三河縣西三十里地名夏店舊有

驛鮑丘水逕其下而洵河自縣城南至寶坻下入於海疑夏店之名因古夏澤其東弥望皆陂澤與水経注正合自薊至龍城此其孔道竇以丙辰行魏人以戊午及之相距二日適當其地也

石門

後漢書公孫瓚傳中平中張純與烏桓丘力居等入寇追擊戰於屬國石門大敗之註石門山在今営州柳城縣西南而水経注云灅水又東南逕石門峡山高嶄絶壁立洞開俗謂之石門口漢中平五年公孫瓚討張純戰于石門大破之今薊州東北六十里石門驛即水経注之石門是也按史本紀但言石門而傳言屬國石門明直兩石門

北齊書皮慶賓正光中因使懷朔遇世亂遂家廣寧之石門縣水經注所指乃漁陽之石門非遼東屬國之石門當以柳城為是通典柳城有石門山

## 無終

玉田漢無終縣漢書地理志故無終子國浭水西至雍奴入海史記項羽封韓廣為遼東王都無終後漢書吳漢將二十騎先馳至無終韋昭國語解無終山戎之國今為縣在北平水經注藍水出北山東屈而南流逕無終縣故城東故城無終子國也魏氏土地記曰右北平城西北百三十里有無終城無終之為今玉田無可疑者然左傳襄公四年無終子使孟樂如晉因魏莊子納虎豹之皮以請和

諸戎昭公元年晉中行穆子敗無終及羣狄于太原漢書樊噲傳擊陳豨破得綦毋卬尹潘軍於無終廣昌則去王田子有餘里豈無終之國先在雲中代郡之境而後遷于右北平與左傳正義曰釋例土地名以北戎山戎無終三名為一北平有無終縣大原即太原郡晉陽縣是也計無終在太原東北二千餘里遠就太原來與晉戰不知其何故也蓋與諸戎近晉者相率而來也

## 柳城

史言慕容皝以柳城之北龍山之西福德之地乃營立宗廟宮闕命曰龍城一統志柳城在永平府西二十里龍山在府西四十里永平府舊志柳城在昌黎縣西南六十里漢末為烏桓所據曹操滅之歷魏晉為慕容氏父子所據隋置縣屬遼西郡唐置營州元省入昌黎為靜安社其說

遺白軒

輿史不同今府西二十里全無遺跡而靜安社則嘉靖三十一年立為堡然皆非柳城之舊也按唐書營州柳城郡下云城西四百八十里有渝關守捉城又云西北接奚北接契丹通典營州柳城郡下云東至遼河四百八十里南至海二百六十里西至北平郡七百里北至契丹界五十里東南到安東府二百七十里西南到北平郡七百里西北到契丹界七十里東北到契丹界九十里而平州北平郡下云東至柳城郡七百里西至漁陽郡三百里東北到柳城郡七百里是柳城在今永平之東北七百里而慕容氏之龍城昌黎及魏以後之營州並在其地唐萬歲通天元年為契丹所陷聖曆二年僑治漁陽開元五年又還治

柳城舊唐書宋慶禮傳初營州都督府置在柳城控帝奚契丹則天時都督趙文翽政理乖方兩蕃反叛攻陷州城其後移于幽州東二百里漢陽城安置開元五年奚契丹各款塞歸附玄宗乃詔慶禮及太子詹事姜師度左驍衛將軍邵宏等充使更于柳城築營州城興役三旬而畢詔書見冊府元龜而今之昌黎乃金之廣寧縣大定二十九年改為昌黎名同而地異也三國志魏武帝用田疇之言上徐無山塹山堙谷五百餘里經白檀歷平岡涉鮮卑庭東指柳城徐無山在今玉田則柳城在玉田之東北數百里也北齊書顯祖伐契丹以十月丁酉至平州從西道趨長塹辛丑至白狼城壬寅至昌黎城是昌黎在平州之東北齊主之行急猶五日而後至也隋書漢王諒伐高麗軍出臨渝關至柳城唐書太宗伐高麗還以十月丙午次營州詔遼東戰亡士卒骸骨並

集柳城東南，命有司設太牢，上自作文以祭之。丙辰，皇太子迎謁於臨渝關。在今撫寧之東，則柳城又在其東，太宗之行遲，故十日而後至也。

遼史載柳城曰興中府，古孤竹國，漢柳城縣地。慕容皝以柳城之北、龍城之南福德之地，乃築龍城，搆宮廟，改柳城為龍城縣，而遷都之，號曰和龍宮。慕容垂復居焉。垂都鄴，其子寶始還龍城，非垂也。後為馮跋所滅，高雲滅慕容氏，馮跋代高雲，非跋滅慕容氏也。魏取之，為遼西郡。隋平高寶寧，置營州。煬帝改柳城郡。唐武德初改營州總管府，尋為都督府。萬歲通天元年陷李萬榮。神龍初徙府幽州。開元四年復治柳城。八年徙漁陽。十年還柳城。舊唐書奚傳李大輔與契丹首領李失活請于柳城依舊置營州都督府，從之。後為奚所據。

以今考之當在寧遠州

太祖平奚及俘燕民將建城命韓知方擇其處乃完葺柳城號霸州彰武軍節度重熙十年升興中府有大華山小華山香高山麝香崖天授皇帝刻石在焉駐龍峪神射泉小龍河統州二縣四其一曰興中縣本漢柳城縣地太祖掠漢民居此置霸城縣重熙中置府更名此文述柳城之故頗為詳備元世祖至元七年十月己丑降興中府為州以地圖案之當在今前屯衛之北但唐書平州下云又有柳城軍永泰元年置蓋唐時柳城之地屢被陷沒移徙無常此其在平州者或即今之靜安社未可知通典醫無閭山在遼東今于柳城郡東置祠遼禮此即是移置之柳城然不可以永泰元年之柳城為古之柳城也

遺白軒

一統志采輯諸書不出一人之手如柳城廢縣既云在府城西二十里矣而於土產則云人參麝香豹尾俱廢柳城縣出今府西二十里乃滦河之西洞山之南沙土之地其能出此三物乎按唐書營州柳城郡貢人葠麝香豹尾皮骨骴志本引之而不知所指府西二十里廢柳城縣之誤也

## 昌黎

按昌黎有五漢書遼西郡之縣其八曰昌黎渝水首受塞外南入海東部都尉治應劭曰今昌黎水經注白狼水又東北逕昌黎縣故城西地理志曰交黎也通鑑注昌黎漢交黎縣屬遼西郡後漢屬遼東屬國都尉魏齊王正始五

年鮮卑内附復置遼東屬國立昌黎縣以居之後立昌黎郡晉書武帝紀太康二年慕容廆寇昌黎二年安北將軍嚴詢敗慕容廆于昌黎成帝咸康二年慕容皝自昌黎東踐冰而進凡三百餘里至歷林口是則在渝水下流而當海口此一昌黎也晉書載記慕容皝徙昌黎郡又云破宇文歸之衆徙其部又五萬餘落于昌黎及慕容盛之世有昌黎尹張順劉忠高雲以馮素弗爲昌黎尹馮跋之世有昌黎尹孫伯仁以史考之當去龍城不遠此又一昌黎也魏併柳城昌黎棘城于龍城而立昌黎郡志云有堯祠榆槓城狼水而列傳如韓麒麟韓秀谷渾孫紹之倫皆昌黎人即燕之舊都龍城此又一昌黎也齊以後昌黎之名廢

至唐太宗貞觀三年更崇州爲北黎州治營州之東北廢陽師鎮八年復爲崇州置昌黎縣後淪於奚遼史建州永康縣本唐昌黎縣地此又一昌黎也遼太祖以定州俘户置營州鄰海軍其縣一曰廣寧金世宗大定二十九年改爲昌黎相沿以至於今在永平府城東南七十里此又一昌黎也郭造卿永平志辨昌黎有二而不知其有五今序而列之論古者可以無惑焉

韓文公多自稱昌黎唐書載韓氏世系則云漢弓高侯頹當裔孫世居潁川徙安定武安常山九門而生安定桓王茂爲公之六世祖與昌黎之韓支派各别故先儒以爲公之自稱本其郡望宋元豐七年封公爲昌黎伯亦是取其

本望唐宋封爵必以本望元和中朔方帥天水閻某若封邑太原乃自言非本郡上謂宰相李吉甫曰有司之誤不可再也宜使儒生條其源系考其郡望子孫戢任並總緝之每加爵邑則令閱視乃命林寶撰次元和姓纂十一卷本朝初亦如此太平忠臣祠追封范雲東丘郡侯許瑗高陽郡侯王曙太原郡侯是也如韓長鸞韓建封昌黎王韓擇木封昌黎伯韓偓封昌黎男之比若昌黎之韓最著於魏如麒麟顯宗史明言其爲昌黎棘城人又非今之昌黎也然則文公之設二百六十年而始封昌黎伯又一百六十年而始立今之昌黎縣以金之縣而合宋之封遂爲文公爲此縣之人其亦未之考矣

石城

漢右北平郡之縣十六其三曰石城後漢無之蓋光武所併省也至燕分置石城郡考之通鑑及晉載記得二事慕

容寶宿廣都黃榆谷清河王會勒兵攻寶〻帥輕騎馳二百里晡時至龍城會遣騎追至石城不及是廣都去龍城二百里而石城在其中間也慕容熙敗于北原石城令高和與尚方兵于後作亂註云高和本爲石城令時以大喪會于龍城是石城去龍城不遠也魏書地形志廣興下云有鷄鳴山石城大栁城此即漢之石城矣魏太平真君八年置建德郡治白狼城領縣三其一曰石城有白鹿山祠其二曰廣都水經注石城川水出西南石城山東流逕石城縣故城南北屈逕白鹿山西即白狼山也又東北入廣成縣東廣成即廣都城燕之石城在廣都之東北而此在廣都之西南是魏之石城非燕之石城矣隋書始無石城

云北齊廢之而唐書平州石城下云本臨渝武德七年省貞觀十五年復置萬歲通天二年更名有臨渝關有大海有碣石山是武后所更名之石城又非魏之石城矣舊唐書回紇傳追躡史朝義至平州石城縣梟其首遼史灤州統縣三其三曰石城下云唐貞觀中於此置臨渝縣萬歲通天元年改石城縣在灤州南三十里唐儀鳳石刻在焉今縣又在其南五十里遼徙置以就鹽官是遼之石城又非唐之石城矣今之開平中屯衛自永樂三年徙于石城廢縣在灤州西九十里乃遼之石城而一統志以為漢舊縣何其謬與

木刀溝

新樂縣西南三十里有水名木刀溝新唐書地理志新樂

遺白軒

下云東南二十里有木刀溝有民木刀居溝旁因名之予過新樂林君華皖見示所修縣志以木刀為不典改為木鐸因取舊唐志示之林君爽然自失憲宗紀元和五年四月丁亥河東節度使范希朝義武軍節度使張茂昭及王承宗戰于木刀溝敗之范希朝傳同張茂昭傳承宗以騎二萬踰木刀溝與王師薄戰茂昭躬擐甲為前鋒令其子克讓從子克儉與諸軍分左右翼繞戰大破之沙陀傳王承宗衆數萬伏木刀溝與朱邪執宜遇飛矢雨集執宜提軍橫貫賊陣鏖鬬李光顏等乘之斬首萬級而舊書李光進傳范希朝引師救易定表光進為步都虞候戰于木刀溝有功此溝在鎮定二節度之界古為戰地

今江西人讀而如二字只音互錯耳爾汝字亦錯

# 日知録卷之三十二

## 而

孟子望道而未之見集註而讀為如古字通用朱子答門人引詩垂帶而厲春秋星隕如雨為證（詩垂帶而厲箋云而亦如也春秋莊七年夜中星隕如雨註而如也）今考之又得二十餘事易君子以莅衆用晦而明虞翻解而如也書顧命其能而亂四方傳釋為如孟子九一而助趙岐解而如也（夫然後之中國踐天子位焉而居堯之宮逼堯之子是篡也劉熙曰而當讀作如今按而主癰疽與侍人瘠環是無義無命也而字亦當讀如）左傳隱七年歃如忘服虔曰如而也僖二十六年室如懸磬註如而也昭四年牛謂叔孫見仲而何註而何如何史記賈生傳化變而檀葦昭曰而如也如蟬之蛻化也戰國策威王不應

而此者三韓非子嗣公知之故而駕鹿呂氏春秋靜郭君泣而曰不可近本為不通者添作法泣而曰又曰而固賢者也用之未晚也荀子驩然而雷擊之如墻厭之說苑越諸發曰意而安之願假冠以見意如不安願無變國俗又曰而有用我者吾其為東周乎新序引鄒陽書白頭而新傾蓋而故漢後督郵斑碑柔遠而迩皆當作如戰國策昭奚恤曰請而不得有說色非故如何也綈疵曰是非反如何也大戴禮使有司日省如時考之又曰然如曰禮云禮云又曰安如易樂而湛又曰不賞不罰如民咸盡力又曰知一如不可以解也春秋繁露施其時而成之法其命如循之淮南子曾一哈水如甘苦知矣漢樂府艾如張後漢濟陰太守孟郁

修堯廟碑無為如治高如不危滿如不溢太尉劉寬碑去鞭拊如獲其情弗用刑如弭其姦郭輔碑其少也孝友而悅學其長也寬舒如好施易王弼註革而大亨以正非當如何皆當作而漢書地理志遼西郡肥如顏曰肥而左傳襄十二年夫婦所生若而人註云若如人說文需从雨而聲蓋即讀而為如也唐人詩多用而今亦作如今々江西入言如何亦曰而何左傳襄三年齊侯與士匄盟于耏外水經注云即地理志曰如水矣耏如声相似古而字即讀為如故耎字說文曰从大而声周禮旅師而用之以質劑註而讀為若聲之誤也陸德明音義云而音若儀禮鄉飲酒禮公如大夫入註如讀為若

柰何為那之反切也

柰何

柰何二字始于五子之歌為人上者柰何不敬左傳河魚腹疾柰何曲禮國君去其國止之曰柰何去社稷也大夫曰柰何去宗庙也士曰柰何去墳墓也楚辭九歌大司命愁人兮柰何九辯君不知兮可柰何此柰何二字之祖左傳華元之歌曰牛則有皮犀兕尚多棄甲則那直言之曰那長言之曰柰何一也又書如五器鄭康成讀如為乃箇反論語吾末如之何也已矣音亦與柰同按古人曰如曰若曰柰其義則一音不以同

六朝人多書柰為那三國志注文欽與郭淮書曰所向全勝要那後無繼何宋書劉敬宣傳牢之曰平玄之後令我

那驟騎何庸人詩多以無奈為無那

語急

公羊傳隱元年母欲立之已殺之如勿與而已矣註如即不如齊人語也按此不必齊人語左傳僖二十二年宋子魚曰若愛重傷則如勿傷愛其二毛則如服焉成二年衞孫良夫曰若知不能則如無出昭十三年蔡朝吳曰二三子若能死亡則如違之以待所濟若求安定則如與之以濟所欲二十一年宋華多僚曰君若愛司馬則如亡定五年楚子西曰不能如辭八年衞王孫賈曰然則如叛之漢書翟義傳義曰欲求都尉自送則如勿收那左傳正義曰古人語然猶不敢之言敢也莊二十二年敢辱高位以速官謗註敢不敢也昭二年敢

尊大館註敢不敢　儀礼聘礼辭曰非礼也敢寸曰非礼也敢註敢言不敢

古人多以語急而省其文者詩亦不夷懌〻下省一乎字

書弗慎厥德雖悔可追可上省一不字我生不有命在天

不上省一豈字在今尔安百姓何擇非人何敬非刑何度

非及人下刑下及下各省一乎字孟子雖褐寬博吾不惴

焉不上省一豈字禮記幼壯孝弟耆耋好礼不從流俗修

身以俟死者不在此位也好學不倦好礼不變旄期稱道

不乱者不在此位也幼上好上各省一非字

公羊傳隱公七年母弟称弟母兄称兄註母弟同母弟母

兄同母兄不言同母言母弟者若謂不如爲如矣齊人語

也

三改

改歲不改朔

歲

天之行謂之歲書以閏月定四時成歲々二月東巡狩是也人之行謂之年書維呂命王享國百年左傳季隗曰我二十五年矣（僖公二十三年）絳縣人有與疑年使之年師曠曰七十三年矣（襄公三十年）於是昭公十九年矣（襄公三十一年）史記蓋太公之卒百有餘年是也今人多謂年為歲

周禮太史註中数曰歲朔数曰年自今年冬至至明年冬至歲也自今年正月朔至明年正月朔年也

古人但曰年幾何不言歲也自太史公始変之秦始皇本紀曰年十三歲

今人以歲初之日而增年古人於歲盡之日而後增之史

歲盡之日方增年大約漢人如是

未必出于古人三年之喪後人有謂卅六个月者本此

記倉公傳臣意年盡三年〻三十九歲也

## 月半

今人謂十五日為月半蓋古經已有之儀禮士喪禮月半不殷奠禮記祭義朔月月半君巡牲周禮大司樂王大食三侑註大食朔月〻半以樂侑食時也晉温嶠與陶侃書剋後月半大舉然亦有以上下弦為月半者劉熙釋名弦月半之名也其形一旁曲一旁直若張弓施弦也望月滿之名也月大十六日小十五日日在東月在西遥相望也是則所謂月半者弦也禮經之所謂月半者望也弦曰半以月體而言之也望曰半以日數而言之也岑參詩涼州三月半猶未脱春衣韓愈詩南方二月半春物亦已少李商隱詩白日當天三月半

巳

吴才老韻補古巳午之巳亦謂如巳矣之巳漢律歷志振美于辰巳盛于巳史記巳者言陽氣之巳盡也鄭玄夢孔子告之曰起起今年歲在辰明年歲在巳洪容齋三筆亦引歷書為証愚按古人讀巳為矣之證不止此淮南子斗指巳巳則生巳定也說文巳巳也四月陽氣巳出陰氣巳藏萬物見成文章故巳為蛇象形釋名巳巳也陽氣畢布巳也詩似續妣祖箋云似讀如巳午之巳巳續妣祖者謂巳成其宫廟也五經文字起從辰巳之巳白虎通太陽見于巳巳者物必起晋書樂志四月之辰謂之巳巳者起也物至此時畢盡而起也詩江有汜亦讀為矣釋名水決復入為汜汜巳

也如出有所為畢已復還而入也以享以祀亦讀為矣說文㠯無已也以示已聲公羊傳何休註言祀者無已長久之辭釋名商曰祀〻已也新氣升故氣已也今人以辰巳之巳讀為士音宋毛晃曰陽氣生於子終於巳巳者終已也象陽氣既極回復之形故又為終已之義今俗以有鉤為終已之已無鉤為辰巳之巳是未知字義也

季春之月辰為建巳為除故用三月上巳祓除不祥古人謂病愈為已亦此意也韓詩曰鄭国之俗三月上巳之溱洧二水之上招魂續魄秉蘭草祓不祥 後漢書周舉傳三月上巳大將軍梁商大會賓客讌于雒水 袁昭傳三月上巳大會賓從于薄落津周公謹癸辛襍識以為戊巳之巳者非

戊巳之巳篆作己辰巳之巳篆作巳象蛇形隸書則混而

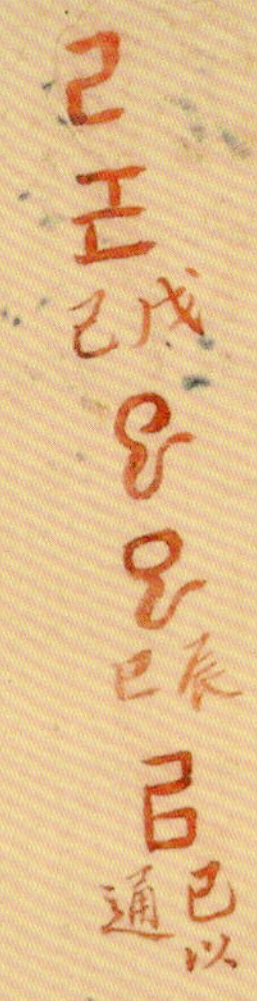

徐文卿以鉤者爲已不鉤

右爲已

大約今之六寸有奇

而爲古之一尺

相類止以直筆上缺為已上滿為已

里

穀梁傳古者三百步為里今以三百六十步為里而尺又大於古四之一今之六十二里遂當古之百里穀梁傳䡖去國五百里今自歷城至臨淄僅三百三十里左傳黃人謂自郢及我九百里今自江陵至光州僅七百里邾子謂吴二千里不三月不至今自蘇州至鄒縣僅一千五百里孟子不遠千里而來千里而見王今自鄒至齊至梁亦不過五六百里又謂舜卒鳴條文王生岐周相去千有餘里今自安邑至岐山亦不過八百里史記張儀說魏王言從鄭至梁二百餘里今自鄭州至開封僅一百四十里戚夫

人歌相離三千里富誰使告汝貢禹上書言自痛去家三千里自今琅邪至長安亦但二千餘里趙則二千里而近是則荀子所謂日中而趨百里者不過六十餘里而千里之馬亦日馳五六百里耳

王制古者百里當今百二十一里六十步四尺二寸二分殆未然

仞

說文仞伸臂一尋八尺家語孔子所以人刃聲書爲山九謂舒肘知尋仞孔傳八尺曰仞正義曰考工記匠人有畎遂溝洫皆廣深等而澮云廣二尋深二仞則澮亦廣深等仞與尋同故知八尺曰仞左傳昭三十二年揣溝洫註度深曰仞初王肅聖證論及注家語

今五六百里之馬不得爲千里古語少年豪向有馳五六百里之馬三四又一驫每或又曾見一夜象黑衛六日馳五百里云

今伸臂曰一托約得五尺較古尺今寸有奇正合八尺

淑者善也美也

與善者美相反之字

皆可謂之不淑

皆云八尺曰仞與孔義同鄭玄云七尺曰仞與孔義異王逸註楚辭大招亦云七尺論語夫子之墻數仞註包云七尺孟子掘井九軔與仞同註八尺朱子乃兩從之堂高數仞趙註亦云八尺當以八尺為是若小爾雅云四尺漢書應劭註云五尺六十則益非矣

不淑

人死謂之不淑禮記如何不淑是也生離亦謂之不淑詩中谷有蓷遇人之不淑矣是也失德亦謂之不淑詩君子偕老子之不淑云如之何是也亡國亦謂之不淑逸周書王乃升汾之阜以望商邑曰嗚呼不淑是也

不弔

古人言不弔者猶曰不仁左傳成十三年穆爲不弔襄十三年君子以吴爲不弔十四年有君不弔昭七年兄弟之不睦於是乎不弔二十六年帥羣不弔之人以行乱于王室皆是不仁之意襄二十三年敢告不弔及詩之不弔昊天不弔不祥書之弗弔天降喪于殷則以爲哀閔之辭杜氏註皆以爲不相弔恤而於羣不弔之人則曰弔至也於義不通惟成七年中國不振旅蠻夷入伐而莫之或恤無弔者也夫乃當謂大國無恤鄰之義耳

亡

亡有三義有以死而名之中庸事亡如事存是也有以出奔於外而名之晉公子稱亡人是也有但以不在而名之

詩予美亡此論語孔子時其亡也而往拜之是也漢書袁盎傳不以在亡為辭謂託故而辭以不在柳子厚詩在亡均俶莫宋史高定子傳制置使未知在亡則以在亡為存亡非漢書之意矣

乾没本聲音況之言也如云陸沉是矣不應如注而如注也

乾没

史記酷吏傳張湯始為小吏乾没徐廣曰乾没隨势沈浮也服虔曰乾没射成敗也如淳曰豫居物以待之得利為乾失利為没三國志傅嘏傳豈敢寄命洪流以徼乾没裴松之註有所徼射不計乾燥之與沈没而為之也晉書潘岳傳其母数誚之曰尒當知足而乾没不已乎張駿傳從事劉慶諫曰霸王不以喜怒興師不以乾没取勝盧循傳姊夫徐道覆素有膽決知劉裕已還欲乾没一戰魏書宋

維傳維見又又元寵勢日隆便至乾沒北史王劭傳贊為河朔清流而乾沒榮利梁書止足傳序其進也光寵夷易故愚夫之所乾沒晉鞞舞歌明君篇昧死射乾沒覺露則滅族抱朴子志髮膚之明戒尋乾沒于難冀乾沒大抵是徼幸取利之意史記春申君傳沒利於前而易患於後也即此意

辱

儀礼註以白造緇曰辱故老子謂楊朱曰大白若辱

姦

廣韻姦古顏切私也詐也亦作姧今本誤姧作奸非也奸音干犯也左氏僖公七年傳曰君以禮與信屬諸侯而以

姦終之曰子父不奸之謂禮一傳之中二字各出而義不同釋名姦奸也言奸正法也以奸釋姦其為兩字審矣又奸字亦可訓為干祿之干漢書荊燕吳傳齊人田生以畫奸澤史記作干然則奸但與干通用而不可以為姦也後人於案牘文移中以姦字畫多省作奸字此如繁之為煩衡之為冲驛之為馹臺之為台皆借用之字

訛

訛字古作譌偽字古亦音訛詩小雅民之訛言箋云偽也小人好詐偽為交易之言正義曰謂以善言為惡以惡言為善交而換易其辭爾雅註世以妖言為訛太平御覽引武王之書鑰曰昏謹守深察訛泰昌元年八月御史張潑言京師姦究叢集游

手成羣有謂之把棍者有謂之拏訛頭者偵知一人作奸則尾隨其後陷人于罪從而嚇詐金錢謂之拏訛頭即漢律所謂恐猲受賕請將巡城改爲中差一年一代

誰何

詩室人交徧摧我韓詩作讙玉篇作䜅丁回切讁也六韜令我壘上誰何不絕史記賈誼過秦論陳利兵而誰何誰同何呵同韓非子正出而何之賈誼傳其在大譴大何之域者漢書五行志主公車大誰卒註大誰主問非常之人云姓名是誰何也此解未當焦氏易林當年少寡獨與孤處鷄鳴犬吠無敢誰者説苑民知十已則尚與之争曰不如吾也百已則疵其過千已則誰而不信揚雄衛尉箴二世妄宿敗于望夷闕槩矯搜戟者不誰

史記衛綰傳歲餘不譙呵綰漢書作不孰何綰難曉疑譙
譌為誰誰又轉為孰也
周禮射人不敬者苛罰之註苛謂詰問之按此苛亦呵字

信

東觀餘論引晉武帝王右軍陶隱居帖及謝宣城傳謂凡
言信者皆謂使人楊用修又引古樂府有信數寄書無信
長相憶為證良是然此語起于東漢以下楊太尉夫人袁
氏答曹公卞夫人書云輒付往信古詩為焦仲卿妻作自
可斷來信徐徐更謂之魏杜摯贈毋丘儉詩聞有韓衆藥
信來給一丸以使人為信始見于此若古人所謂信者乃
符驗之別名墨子大將使人行守操信符史記刺客傳今

行而無信則秦未可親也漢書石顯傳迺時歸誠取一信以為驗西域傳匈奴使持單于一信到國〻傳送食後漢書齊武王傳得司徒劉公一信願先下周禮掌節註節猶信也行者所執之信此如今人言印信之牌之信不得謂為使人也故梁武帝賜到溉連珠曰研磨墨以騰文筆飛豪毫同以書信而今人遂有書信之名

出

爾雅男子謂姊妹之子為出傳中凡言出者皆是外甥左氏莊二十二年陳厲公蔡出也僖七年申侯申出也成十三年康公我之自出註晉外甥襄二十五年我周之自出註言陳周之甥又桓公之乱蔡人欲立其出二十九年晉平公杞出也

三十一年莒去疾奔齊、出也昭四年徐子吴出也公羊文十四年傳接菑晋出也貜旦齊出也史記秦本紀晋襄公之弟名雍秦出也漢書五行志王子鼂楚之出也而公羊襄五年傳盖舅出也則以舅甥為舅出矣後漢書光武十王傳賛太后及憲等東海出也

## 鰥寡

鰥者無妻之稱但有妻而于役者則亦可謂之鰥詩何草不玄何人不矜、讀為鰥是也寡者無夫之稱但有夫而獨守者則亦可謂之寡越絶書獨婦山者句踐將伐吴徙寡婦獨山上以為死士示得專一陳琳詩邊城多健少内舍多寡婦是也鮑照行路難耒時聞君婦閨中孀居獨宿

有貞名亦是此義
婦人以夫亡為寡夫亦以婦亡為寡左傳襄二十七年齊崔杼生成及彊而寡小爾雅曰凡無妻無夫通謂之寡焦氏易林久鰥無偶思配織女求其非望自今寡處

丁中

唐高祖武德六年三月人始生為黄四歲為小十六為中二十一為丁六十為老玄宗天寶三載十二月癸丑詔曰比者成童之歲即挂輕徭既冠之年便當正役憫其勞苦用軫于懷自今宜以十八已上為中男二十三已上成丁杜子美新安吏詩府帖昨夜下次選中男行是十八以上皆發之也然史文多有言丁中者舉丁中可以該黄小矣

兒或是兄字

遼史耶律學古傳多張旗幟襍丁黄爲疑兵蓋中小皆襍用之而史文代以黄字黄者四歲以下何可襍之兵閒邪

阿

隸釋漢殽阬碑陰云其閒四十八皆字其名而繫以阿字如劉興阿興潘京阿京之類必編户民未嘗表其德書名者欲其整齊而强加之猶今閭巷之婦以阿挈其姓也成陽靈臺碑陰有主吏仲東阿東又云惟仲阿東年在元冠幼有中質又可見其年少而未有字抱朴子稱衡游許下自公卿國士以下衡初不稱其官皆名之云阿某或以姓呼之爲某兒三國志呂蒙傳注魯肅拊蒙背曰非復吳下阿蒙世說注阮籍謂王渾曰與卿語不如與阿戎語戎渾子

何即誰也何誰當是阿誰之訛文

阿上聲本非此語言發聲即可當書亦不上去聲當以為慢應聲亦不得有也

皆是其小時之稱也亦有以阿挈其字者世說桓公謂殷淵源為阿源謝太傅謂王修齡為阿齡謂王子敬為阿敬婦人以阿挈姓則隋獨孤后謂雲昭訓為阿雲唐蕭淑妃謂武后為阿武常后降為庶人稱阿韋劉從諫妻裴氏稱阿裴吳湘娶顏悅女其母焦氏稱阿顏阿焦是也亦可以自稱其親焦仲卿妻詩堂上啟阿母阿母謂阿女是也亦可為不定何人之辭古詩道逢鄉里人家中有阿誰三國志龐統傳先主謂曰向者之論阿誰為失晉書沈充傳敦作色曰小人阿誰是也亦有作何誰者晉劉寔崇讓論不知何誰最賢不知何誰最不肖阿者助語之辭古人以為慢應聲老子唯之與阿相去幾何今南人讀為入聲非也魏志東夷傳東方人名我為阿

么

一為数之本故可以大名之一年之稱元年長子之稱元子是也又為数之初故可以小名之骰子之謂一為幺是也爾雅幺幼註曰豕子最後生者俗呼為幺豚故後人有幺麿之稱說文幺小也象子初生之形幼字從幺亦取此義漢書食貨志王莽作錢貨六品小錢幺錢幼錢中錢壯錢大錢貝貨五品大貝壯貝幺貝小貝及不盈寸二分者布貨十品大布次布弟布壯布中布差布序布幼布幺布小布隋書律暦志凡日不全為餘積以成餘者曰秒度不全為分積以成分者曰篾其有不成秒曰麽不成篾曰幺班彪王命諭幺麿尚不及数子蔡邕短人賦其餘尪幺晋陸機文賦猶絃幺而徽急故雖和而不悲郭璞螢火賛熠

熠宵行蟲之微幺盧諶蟋蟀賦享神氣之幺屾並用此字唐書楊炎傳盧杞貌幺陋宋史岳飛傳楊幺本名楊太太年幼楚人謂小為幺故曰楊幺俗作么非

元

元者本也本官曰元官本籍曰元籍本來曰元來唐宋人多此語後人以原字代之不知何解原者再也爾雅原再也易原筮周禮馬質禮記月令原蠶文王世子末有原漢原廟之原皆作再字解漢書註師古曰原重也言已有正廟更重立也與本來之義全不相同或以為洪武中臣下有稱元任官者嫌於元朝之官故改此字

古人亦有稱原官者後漢張衡應閒曩滯日官今又原之

右上寫皆寫字写

註爾雅曰原再也衛為太史令去官五載復為太史令故曰原之然則原官乃再官之義也

### 寫

寫說文曰置物也詩駕言出游以寫我憂既見君子我心寫兮傳曰寫輸寫也周禮稻人以澮寫水儀禮特牲饋食禮主人出寫嗇于房禮記曲禮器之溉者不寫其餘皆寫註傳之器中韓非子衛靈公召師涓而告之曰有鼓新聲者其狀似鬼神子為聽而寫之國語王命工以良金寫范蠡之狀而朝禮之史記秦始皇紀寫放其宮室作之咸陽北坂上蘇秦傳宋王無道為木人以寫寡人新序葉公子高好龍鉤以寫龍鑿以寫龍屋室雕文以寫龍周髀經笠以寫天上抹

[illegible]

寫秘書乃泄漏之義

後漢書二十八[illegible]傳章懷注之[illegible]

此[illegible]一條參看

今去鞍去物皆作卸

賦肸蠁布寫漢書賈捐之傳淮南王盜寫虎符今人以書為寫蓋以此本傳於彼本猶之以此器傳于彼器也說文謄移書也徐氏曰謂移寫之也始自特牲饋食禮卒筮寫卦註卦者主畫地識文文備以方寫之漢書藝文志孝武置寫書之官河間献王傳從民得善書必為好寫與之留其真路溫舒傳取澤中蒲截以為牒編用寫書霍光傳山又坐寫秘書師丹傳吏私寫其草淮南子說山訓竊簡而寫法律孔安國尚書序更以行簡寫之至後漢而有圖寫李恂傳繕寫盧植傳之稱傳之至今矣

今人謂馬去鞍曰寫貨物去舟車亦曰寫與器之溉者不寫義同後漢書皇甫規傳旋車完封寫之權門晉書潘岳

傳發楄寫鞍皆有所憩說文作卸舍車解馬也讀若汝南人寫書之寫

行李

古者謂行人為行李亦曰行理左傳僖三十年行李之往來共其乏困襄八年亦不使一介行李告于寡君皆作李昭十三年行理之命無月不至作理國語周之秩官有之曰敵國賓至關尹以告行理以節逆之賈逵曰理吏也小行人也漢李翕析里橋郙閣頌行理咨嗟至唐時謂官府導從之人亦曰行李舊唐書溫造傳左拾遺舒元褒言元和長慶中中丞行李不過半坊今乃遠至兩坊謂之籠街喝道勅曰憲官之職在指佞觸邪不在行李豈其不敢稱

鹵簿而別爲是名邪

耗

今人以音問爲耗起自後漢書章德竇皇后紀家既廢壞數呼相工問息耗註引薛氏韓詩章句曰耗惡也息耗猶言善惡也

量移　用以自謙如謂居官爲待罪之意似無不可

唐朝人得罪貶竄遠方遇赦改近地謂之量移舊唐書玄宗紀開元二十年十一月庚午祀后土于脽上大赦天下左降官量移近處二十七年二月己巳加尊號大赦天下左降官量移近處量移字始見于此李白贈京兆韋參軍量移東陽詩云潮水還歸海流人却到吳相逢問愁苦淚

盡日南珠白居易貶江州司馬自題云一旦失恩先左降三年隨例未量移量讀平声及還忠州刺史又云流落多年應是命量移遠郡未成官故韓愈自潮州刺史量移袁州有遇赦移官罪未除之句而宋史盧多遜貶崖州詔曰縱經大赦不在量移之限今人乃稱遷職為量移誤矣

罘罳

罘罳字雖从网其實屏也漢書文帝紀七年六月癸酉未央宮東闕罘罳災師古曰罘罳謂連闕曲閣也以覆重刻垣墉之處其形罘罳然一曰屏也崔豹古今注曰罘罳屏之遺象也臣朝君行至門內屏外復應思惟罘罳復思也釋名罘罳在門外罘復也罳思也臣將入請事於此復重思之也漢西京罘罳合板為之

亦築土為之每門闕殿舍前皆有焉於今郡國廳前亦樹之今人謂之影壁考工記匠人宮隅之制七雉城隅之制九雉註宮隅城隅謂角浮思也廣雅罘罳謂之屏越絶書巫門外罘罳者春申君去吴假君所思處也春申君相楚使其子為假君治吴魚豢魏畧黃初三年築諸門闕外罘罳參考諸書當從屏説又五行志劉向以為東闕所以朝諸侯之門也罘罳在其外諸侯之象也則其為屏明甚而或在門内或在門外則制各不同耳鹽鐵論祠堂屏閣垣闕罘罳董賢傳外為徼道周垣數里門闕罘罳甚盛王莽傳遣使壊渭陵延陵園門罘罳曰毋使民復思也後漢書靈帝紀中平四年二月己亥南宫内殿罘罳自壊杜子美大雲寺贊公房詩紫鴿下罘罳

酉陽雜俎曰今人多呼殿榱桷護雀網為罘罳誤也禮記明堂位疏屏天子之廟飾也註云屏謂之樹尒雅釋宮文今桴思也刻之為雲氣蟲獸如今闕上為之矣正義曰漢時謂屏為桴思解者以為天子外屏人臣至屏俯伏思念其事案匠人註云城隅謂闕桴思也漢時東闕桴思災以此諸文參之則桴思小樓也故城隅闕上皆有之然則屏上亦為屋以覆屏牆故稱屏曰桴思亦引廣雅及劉熙釋名為證作書者段成式蓋唐時有呼護雀網為罘罳之目故史言甘露之變宦者扶上升輿決殿後罘罳疾趨北出而溫庭筠亦有罘罳晝捲閶闔夜開之句矣

罘罳字有作桴思者禮記明堂位註有作浮思者考工記註並見上有作罦罳者博雅罦罳謂之屏有作復思者水經注象魏之上加復思以易觀又云譙城南有曹嵩冢〻

北有廟堂榱櫨及柱皆彫鏤雲矩（注非指雀網）上復思已碎有作覆思者宋玉大言賦大笑至兮摧覆思言一笑而垣屏為之傾倒也若摧蘺雀網亦不足大也

陳氏禮書曰古者門皆有屏天子設之於外諸侯設之於内禮臺門而旅樹旅道也當道而設屏此外門之屏也治朝在路門之外天子當宁而立宁在門屏之閒此路門之屏也國語曰吴王背屏而立夫人向屏此寝門内之屏也魯廟疏屏天子之廟飾此廟門之屏也月令天子田獵整設于屏外此田防之屏也晉天文志屏四星在端門之内近古執法然則先王設屏非苟然也

〇塲屋

塲屋者於廣塲之中而為屋不必皆開科試士之地也隋

書音樂志每歲正月萬國來朝留至十五日於端門外建國門內綿亘八里列為戲場百官起棚夾路從昏達旦以縱觀之至晦而罷故戲場亦謂之場屋唐元微之連昌宮辭夜半月高絃索鳴賀老琵琶定場屋

## 豆

戰國策張儀說韓王曰五穀所生非麥而豆民之所食大抵豆飯藿羹姚宏註曰史記作飯菽而麥下文亦作菽古語但稱菽漢以後方謂之豆今按本草有赤小豆大豆之名本草不皆神農所著越絕書丙貨之戶曰赤豆為下物石五十已貨之戶曰大豆為下物石二十越絕書亦非子貢所作漢書楊惲傳種一頃豆落而為萁

陘　井陘音徑又音形
鈃　音堅鐘也
夫録者多借字耳或傳寫多譌文不得其謂
諸字相通也

陘

今井陘之陘古書有作鈃者穆天子傳至于鈃山之下（隊）註今在常山石邑縣鈃音邢是也有作研者漢書地理志上黨郡有石研關是也有作岍者晉書石勒載記使石季龍擊託候部掘咄哪于岍北大破文（之）是也有作硜者晉書胡舊傳頓軍硜北是也有作峌者楊子法言山峌之蹊是也有作徑者李尤函谷關賦于北則有蕭居天井壺口石徑貫越代朔以臨胡庭是也

豸

莊子在宥篇災及草木禍及止蟲止當作豸古正（止）豸通用
左傳宣十七年庶有豸乎豸止也

郎今樣字之篆文
俗謂閑门曰閑
门

我元之時门曰閂閑六
有甲木塞不輕開之象

閑

閑者所以拒門之木說文閑以木橫持門戶也左傳臧孫紇斬鹿門之閑呂氏春秋孔子之勁舉國門之閑而不肯以力聞賈誼新書豫讓曰我事中行之君與帷而衣之與閑而枕之魯連子譬若門閑舉之以便則可以一指持中閑而舉之非便則兩手不能閑非益加重手非加罷也彼所起者非舉勢也皆謂拒門之木後人因之遂謂門為閑也周禮司閑註閑界上之門史記謂拒門之木為閑漢書楊惲傳有乘車抵殿門門閑折馬死趙廣漢傳斬其門閑而去宋書少帝紀突走出昌門追者以門閑踣之王鎮惡傳軍人緣城得入門猶未及

下閹唐書李訓傳閹者欲扁鑠之為中人所比執閹而不能下

宙

說文宙舟輿所極覆也此解未明淮南子覽冥訓燕雀佼之以為不能與之爭於宇宙之間高誘注宙棟梁也似合宙字從宀本是宮室之象後人借為往古來今之號耳說文

上下四方曰宇古往今來曰宙

石炭

今人謂石炭為墨按水經注冰井臺井深十五丈藏冰及石墨焉石墨可書之然之難盡亦謂之石炭是知石炭石墨一物也有精麤爾史記外戚世家竇少君為其主入山作炭後漢書黨錮傳夏馥入林慮山

中親突烟炭皆此物也北人凡入聲字皆轉為平故呼墨為煤而俗竟作煤字非也玉篇煤炱煤也韻會煤炱灰集屋者呂氏春秋孔子窮于陳蔡之閒七日不嘗粒晝寢顏回索米得而爨之幾熟孔子望見顏回攫其甑中而食之選閒食熟謁孔子而進食孔子起曰今者夢見先君食潔而後饋顏回對曰不可嚮者煤室入甑中棄食不祥回攫而飯之高誘曰煤室烟塵之煤也素問黑如炲者死註炲謂炲煤也唐張祜詩古牆丹艧盡深棟墨煤生李商隱詩敵國軍營漂木柹也方吹反按說文當作柹削木札樸後漢書方術楊方傳風吹札柹前朝神廟鎖煙煤溫庭筠詩煙煤朝莫處風雨夜歸時是煤乃梁上烟脂之名非石炭也崔銑彰德志作烸志曰安陽縣龍山出石炭入穴取之無窮取深

数百丈先必見水水盡然後炭可取也炭有数品其堅者謂之石軟者謂之烸氣愈臭者然之愈難盡水可以煎礬然不若晉絳者云 按玉篇廣韻並無烸字

## 終葵

考工記大圭長三尺杼上終葵首 註終葵椎也為椎於其杼上明無所屈也 禮記玉藻終葵椎也方言齊人謂推為終葵馬融廣成頌翬 揮同 終葵揚關斧 博雅作柊揆 蓋古人以椎逐鬼若大儺之為耳今人於戶上畫鍾馗像云唐時人能捕鬼者玄宗嘗夢見之事載沈存中補筆談未必然也 五代史吳越世家歲除畫工獻鍾馗擊鬼圖 魏書堯暄本名鍾葵字辟邪則古人固以鍾葵為辟邪之物矣又有淮南王佗子名鍾葵有楊鍾葵丘鍾葵李鍾葵慕容鍾葵喬鍾葵 北史庶人諒傳作喬鍾馗又恩倖傳末有宮鍾馗馗字兩見而揚義臣傳仍作

喬鍾葵段鍾葵于劲字鍾葵張白澤本字鍾葵唐書有王武俊將張鍾葵通鑑作終葵則以此為名者甚多豈以其形似而名之抑取辟邪之義與左傳定四年分康叔以殷民七族有終葵氏是又不可知其立名之意也

魁

今人所奉魁星不知始自何年以奎為文章之府故立廟祀之乃不能像奎而改奎為魁又不能像魁而取之字形為鬼舉足而起其斗不知奎為北方玄武七宿之一魁為北斗之第一星所主不同而二字之音亦異今以文而祀乃不于奎而于魁宜乎今之應試而獲中者皆不識字之人與又今人以榜前五名為五魁漢書酷吏傳所置皆其

雅謔

魁宿游俠傳閭里之俠原涉為魁師古曰魁者斗之所用盛而杓之本也天文北斗魁為首末為杓淮南子註斗第一星至第四為魁第五星至第七為杓故言根本者皆云魁說文魁羹斗也趙宧光曰斗首曰魁因借凡首皆謂之魁其見于經者書胤征之殲厥渠魁記曲禮之不為魁主人能則執兵而陪其後然則五魁之名豈佳語哉或曰里有里魁市有市魁皆長師之意要非雅俊之目呂氏春秋有魁士名人此用魁字之始国語凷王蕩以為魁陵糞土溝瀆韋昭鮮小阜曰魁列子以君之力曾不能損魁父之丘史記越世家贏姓將大敗周人於苑魁之西鮑宣傳白首耆艾魁壘之士楊推傳甘泉賦冠倫魁能陸機感丘賦羅魁封之纍纍又文選潘岳笙賦統大魁以為笙李周翰曰大魁謂匏中也又儀礼士冠礼素積白屨以魁拊之註魁蜃蛤

近時人好以魁命名亦取五魁之義古人以魁命名者絶

少左傳有鄗魁壘盧蒲就魁呂氏春秋齊王殺燕將張魁

桑梓

容齋隨筆謂小雅維桑與梓必恭敬止並無鄉里之說而後人文字乃作鄉里事用愚考之張衡南都賦云永世克孝懷桑梓焉真人南巡覩舊里焉蔡邕作光武濟陽宮碑云來在濟陽顧見神宮追惟桑梓褒述之義陳琳爲袁紹檄云梁孝王先帝母弟墳陵尊顯松柏桑梓猶宜肅恭漢人之文必有所據齊魯韓三家之詩不傳未可知其說也胡三省通鑑註桑梓謂其故鄉祖父之所樹者以後魏鍾會與蔣斌書桑梓之敬古今所敦晉左思魏都賦畢昴之所應虞夏之餘人先王之桑梓列聖之遺塵陸機思親賦悲桑梓之悠曠愧蒸嘗

之弗營贈弟士龍詩迫彼窀穸載驅東路維其桑梓肆力
丘墓贈顧彥先詩眷言懷桑梓無乃將為魚百年歌辭官
致祿歸桑梓潘尼贈陸機出為吳王郎中令詩祁祁大邦
惟桑惟梓贈滎陽太守吳子仲詩豈覆豈他卿迴光臨桑
梓潘岳為賈謐作贈陸機詩旋反桑梓帝弟作弼陸雲答
張士然詩感念桑梓域髣髴眼中人九愍望龍門而長顧攀維桑而抵泣歲暮
賦度孝敬于神丘兮結祇慕于維桑閻式復羅尚書人懷桑梓劉琨上愍帝
表蒸嘗之敬在心桑梓之情未克袁宏三國名臣贊子布
擅名遺世方擾撫翼桑梓息肩江表宋武帝復彭沛下邳
三郡租詔彭城桑梓本鄉加隆攸在文帝復丹徒租詔丹
徒桑梓綢繆大業攸始謝靈運孝感賦戀丘墳而縈心憶

桑梓而零淚會吟行東方就旅逸梁鴻去桑梓何承天鐃歌頌言桑梓思舊遊鮑照從過舊宮詩嚴恭履桑梓加敬覽枌榆梁武帝幸蘭陵詔朕自違桑梓五十餘載劉峻辨命論居先王之桑梓竊名號于中縣江淹擬陸平原詩明發眷桑梓永歎懷密親則又從南都賦之文而承用之矣按古人桑梓之說不過敬老之意說苑常樅謂老子曰過喬木而趨子知之乎老子曰過喬木而趨非謂敬老邪常樅曰嘻是已此於詩為興體言桑梓猶當養敬而況父母為人子之所瞻依

胡嚨

說文胡牛頷垂也徐曰牛頷下垂皮也釋名胡互也在咽

下垂能歛互物也詩狼跋其胡狼之老者頷下垂胡漢書郊祀志有龍垂胡髯下迎黃帝師古曰胡頷下垂肉也金日磾傳捽胡投何羅殿下晉灼曰胡頸也張敖傳仰絶亢而死註蘇林曰亢頸大脈也俗所謂胡脈也後漢書請爲諸君鼓嚨胡太玄經七爲嘏咕范望解謂唐胡也古人讀侯爲胡息夫躬傳師古曰咽喉嚨即今人言胡嚨耳

胡

三代時外國之名曰戎曰狄而已禮記王制東方曰夷南方曰蠻西方曰戎北方曰狄專言之則曰葷粥曰玁狁至趙武靈王始名曰胡按說文胡牛頷垂也从肉古聲說文旛幅胡也臣鉉等曰胡後幅之垂者也亦取下垂爲義漢輿服志聖人見鳥獸有冠角頾胡之制是也詩曰狼跋

其胡狼之老者頷下垂胡故以為壽考之稱詩曰胡考之寧傳曰雖及胡耇（釋名胡耇咽皮如雞胡也）謚法彌年壽考曰胡保民耆艾曰胡陳有胡公而蔡仲及周厲王名胡似亦皆取此義（晉王胡之字修齡）考工記戈廣二寸內倍之胡三之謂戈鋒之曲而旁出者猶牛胡也周禮大行人侯伯七十步立當前疾註前疾謂駟馬車轅前胡下垂柱地者禮記深衣袂圜以應規註謂胡下也下垂曰胡方言凡箭鏃胡合嬴者郭璞解胡鏑在於喉下則亦取象於牛胡也又國名今之胡姓以國為氏或以謚為氏者也又與何字義同如胡能有定胡然而天胡斯畏忌之類（箋云胡之言何也）見于經傳如此而已史記匈奴傳曰晉北有林胡樓煩之戎燕北有東胡山

戎。蓋必時人因此名戎為胡趙世家變服騎射以備燕三胡秦韓之邊註林胡樓煩東胡為三胡武靈王言襄王并戎取代以攘諸胡謂之諸胡者猶左傳之言羣舒而下文遂云築長城以拒胡是以二國之人而槩北方之種一時之號而蒙千載之呼也猶之羯本地名上黨武鄉羯室晉時匈奴別部入居之後因號胡戎為羯蓋北狄之名胡自此始而考工記亦曰粤無鎛燕無函秦無廬胡無弓車春秋北燕僅再見于經而於越至哀公時始盛以此知考工之篇亦必七國以後之人所增益矣司馬法夏后氏謂輦曰余車殷曰胡奴車周孔註胡則北狄是也亦恐未然又虜者俘獲之稱曲禮獻民虜者操右袂公羊傳閔公於此婦人姤其言碩曰此虜也尔虜爲故魯仲連所謂虜使其民韓非所謂臣虜之勞史記李斯傳嚴家無挌虜索隱曰虜奴隸也而戚夫人歌所謂子為王母為虜東方朔答客難所謂尊之則為將卑之則為虜者也故漢高帝言虜中吾指而罵婁敬為齊虜庾太子罵江充為趙虜水經注臨淄外郭世謂之虜城言齊湣王伐燕燕王噲死虜其民實居郭因以名之是矣後人以此罵外夷而自南北朝以後其名遂專之於北狄亦習而不察也

卑

草馬

爾雅馬屬牡曰騭牝曰騇郭璞註以牡為騭牝為草馬魏志杜畿傳為河東太守課民畜牸牛草馬晉書涼武昭王傳家有騧草馬生白額駒魏書蠕蠕傳賜阿那瓌父草馬五百疋吐谷渾傳吐谷渾嘗得波斯草馬放入海因生驄駒隋書許善心傳賜草馬二十匹廣韻牝馬曰騲顏氏家訓有云騲騭今人

草馬名目課在 [illegible]
因數為千民間養之
四群為課其入
[illegible]

則以牡為兒馬牝為騍馬而唯牝驢乃言草驢

草驢女猫

今人謂牝驢為草驢北齊書楊愔傳選人魯漫漢在元子思坊騎禿尾草驢是北齊時已有此語山東河北人謂牝猫為女猫隋書外戚獨孤陁傳猫女可来無住宫中是隋時已有此語

雌雄牝牡

飛曰雌雄走曰牝牡雉鳴求其牡詩人以為不倫之刺然亦有不一者周禮疏引詩雄狐綏綏走亦曰雄書牝鷄無晨飛亦曰牝今按經傳之文不止于此如詩爾牧来思以薪以蒸以雌以雄左傳千乘三去三去之餘獲其雄狐莊

総之雌雄也牝牡也即陰陽二字之耳

子獲猵狚旦音以為雌焦氏易林雄犬夜鳴雄羆在後晉書
五行志吳郡婁縣人家聞地中有犬子声掘之得雌雄各
一木蘭詩雄兔脚撲朔雌兔眼迷離皆走而栢雌雄者也
爾雅鷯鶉其雄鶛牝痺山海經帶山有鳥焉其狀如烏五
采而赤文名曰鵸鵌是自為牝牡陽山有鳥焉其狀如雌
雉而五采以文是自為牝牡名曰象蛇則飛而稱牝牡者
也龍亦可稱雌雄左傳帝賜之乘龍河漢各二各有雌雄
是也蟲亦可稱雌雄列子純雌其名大胥純雄其名稺蜂
是也介蟲亦可称雌雄莊子註司馬云雄者龜類雌者鼈
類是也人亦可稱雌雄管子楚人攻宋鄭令其人有喪雌
雄莊子魯哀公之言哀駘他曰且而雌雄合乎前是也虹

亦可稱雌雄詩疏虹雙出色鮮盛者為雄〻曰虹闇者為雌〻曰蜺是也（容齋三筆引宋玉賦雄風雌風及卿曠占有雄雷雌雷之說）干支亦可稱雌雄史記索隱歲雄在閼逢雌在攝提格曰雄在畢雌在訾曰雄在甲雌在子是也金亦可稱雌雄王子年拾遺記禹鑄九鼎擇雌金為陰鼎雄金為陽鼎是也石亦可稱雌雄後漢郡國志夜郎出雄黄雌黄是也符契亦可稱雌雄隋書高祖紀頒木魚符於總管刺史雌一雄一唐六典本府寺置木契九十五隻雄付少府將作監雌留太府寺是也箭亦可稱雌雄遼史儀衛志木箭内箭為雄外箭為雌皇帝行幸則用之還宮勘箭官執雌箭東上閤門使執雄箭是也（亦可稱牝牡宋沈括筆談大駕鹵簿中有勘箭如古之勘契也其牡謂之雄牡箭牝謂之闞使

箭本胡法也熙寧中罷之草木亦可稱牡周禮牡橭牡蘜注謂蘜之不華者檀弓牡麻尒雅牡菣牡蕡牡茅儀禮註牡蒲史記封禪書牡荆本草牡桂是也車箱亦可称牝考工記牝服正義云車較即今人謂之平鬲皆有孔內軨子於其中而又向下服故謂之牝服是也管籥亦可稱牝也漢書五行志長安章城門門牡自亡月令註鍵牡閉牝也正義云凡鏁器入者謂之牡受者謂之牝是也棺蓋亦可稱牝牡禮記喪大記君蓋用漆正義用漆者塗合牝牡之中也是也尾亦可称牝廣韻尾牝尾是也五藏亦可稱牝牡靈樞經肝心脾為牡藏肺腎為牝藏是也齒牙亦可稱牡說文牙牡齒是也徐曰此于齒為牡之九經字樣作牡齒病亦可稱牡史記倉公傳牡疝是也

星亦可稱牝牡天文志太白在南歲在北名曰牝牡是也法苑珠林虞喜天文論漢太初曆十一月甲子夜半冬至歲雄在閼逢雌在攝提格月雄在字雌在觜日雄在子文祇以十干為歲陽故謂之雄十二支為歲陰故謂之雌但字觜為月雌雄不可曉今文言陰陽者未嘗用雌雄之字也即顔傳引易雌雄秘歷今亡此書五行亦可稱牝牡左傳水火之牡也是也銅亦可称牝牡抱朴子灌銅當以在火中向赤時有乃起者牡銅凹陷者牝銅是也若淮南子云北斗之神有雌雄月從一辰雄左行雌右行而隋書經籍志有玄經雌雄圖三卷五代史四夷附録高麗王建進孝經雌圖一卷載日食星變不經之説則近于誕矣後周有典牝典牡上士中士以牝牡名官

中華民國廿二年一月廿一夕蘄春後學黃侃校訖恭誦
先生詩云忽見奇書出世間又驚胡騎滿江山誠不勝其
痛憤也
溥泉尊兄得此秘籍其思所以流布之廑廑藏諸匧衍
則可惜已檢
先生與友人書云所著日知錄三十餘卷平生之志與業皆
在其中惟多寫數本以貽之同好庶不為惡其害己者
之所去此本翳藏二百餘年矣為
溥泉所得其中如卷四納公孫寧儀行父一條卷十考次
經文一條卷廿心學二條朱子晚年定論一條李贄一條皆比今本
多一節或數十字卷九素夷狄行乎夷狄一條今本有
目無文卷廿九胡服一條有三紙之長今本既闕其文亦泯
其目黃汝成作集釋屢言以元本校今本此諸條汝成即
見之而亦諱言之天運循環壞陂終復此書卒為我
溥泉所得其亦
先生靈爽默相之哉侃幸觀典經亦不虛此生矣

黃侃

三百年学術史日知録標冠一代堪与困学紀聞上下
頡亢此清人之論援庵先生亦懐此見殆其句裏行間
寓滄桑無限字字軒昂英聲蔑越轉勝十駕齋養
新録之精重

然日知録刻本多有刪節使世善本最佳者或有二焉一
為吳兔牀舊藏本一即此卷上世紀三十年代初此本出
人間援庵先生亟欲得之其時元老張溥泉亦雅愛芸香
堅與争購旋爭而致之既得之遂請黄季剛先生稽
索奇秘癸酉之歲日知録校記梓行其書比類細次
鈎沈妙諦以此本避讳亂字定為雍正抄本又總至校勘

所獲云致今本所棄蔑有全節有數行删句換字不可遽數凡皆顧子精義所存今本既失其真而汝成雖見原本亦未敢之此論真石破天驚使人知此卷乃日知錄版本之重大發現者也

數年前溥泉先生後人將鬻出此本在島國告知海上楓江書屋主人主人不特學術自標高格亦久契古歙愛書殊深收之鄴架正得其所故厚金以償往昔本阿彌行狀記光悦艷羨月迫銘茶入不受友人減價之惠決意割莊以易而不之恤此與冷攤拍場撿漏不啻天壤令人震動正所謂寶物固應取高價俾得珍護凡慶雲輪囷覆之上其庶免

明珠暗投淪爲俗物出原零落 楓江主人不以低值貶之銘心
絶品守愛文明其揆一也近又聞此本將影印化身千百
沾溉學林嫏嬛之秘又現虹月之乘矣爰爲之跋並囑
丙子小英書之 庚子之秋范景中

范景中

八月中秋桂花廔頭入手示語水平不流森森中度録此跋
尾有餘楮回出摘取霞文裁鳳紙香蚕小字投煉水呂爲補白
小英女史寫於滬上 書正待裝 將西子湖上之遊

# 跋

三百年學術史《日知録》標冠一代，堪與《困學紀聞》上下頡亢，此清人之論，援庵先生亦懷此見，殆其句裏行間寓滄桑無限，字字軒昂，英聲發越，轉勝《十駕齋養新録》之精專。

然《日知録》刻本多有刪節，傳世善本最佳者有二焉：一爲吳兔牀舊藏本，一即此卷。上世紀三十年代初此本出人間，援庵先生亟欲得之。其時元老張浦泉亦雅愛芸香，堅與争購，旋争而致之。既得之，遂請黄季剛先生稽索奇秘。癸酉之歲，《日知録校記》梓行。其書比類紬次，鉤沈妙端，以此本避諱胤字，定爲雍正抄本。又總其校勘所獲，云：「攷今本所刊落，有全節，有數行，刪句換字不可遽數。凡皆顧子精義所存，今本既失其真，而汝成雖見原本，亦未敢言。」此論真石破天驚，使人知此卷乃《日知録》版本之重大發現者也。

數年前，溥泉先生後人將鬻書，此本在焉，因告知海上楓江書屋主人，主人不特學術自標高格，亦久契古歡。愛書殊深，收之鄴架，正得其所，故厚金以償。往昔《本阿彌行狀》記，光悦艷羡月迫銘茶入，不受友人減價之惠，決意割莊以易，而不之恤，此與冷攤拍場撿漏不啻天壤，令人震動。正所謂寶物固應取高價，俾得珎護，如慶雲轮囷覆之其上，庶免明珠暗投，淪爲俗物，丘原零落。楓江主人不以低值貶此銘心絶品，守愛文明，其揆一也。近又聞此本將影印，化身千百，沾溉學林，瑯嬛之秘，又現虹月之采矣。爰爲之跋，並囑内子小英書之。庚子之秋，范景中。鈐印：范景中印（白）

八月中秋，桂花廔頭，人平不語，水平不流。寂寂之中，度録此跋。尾有餘楮，因書「摘取霞文裁鳳紙，春蠶小字投秋水」以爲補白。小英女史寫於滬上，時正待裝，將西子湖上之遊。鈐印：周小英（朱）

圖書在版編目（CIP）數據

原鈔本顧亭林《日知録》 / (清) 顧炎武著. -- 上海 : 華東師範大學出版社, 2022
ISBN 978-7-5760-2379-4

Ⅰ. ①原… Ⅱ. ①顧… Ⅲ. ①文史哲－中國－清代
Ⅳ. ①B249.12

中國版本圖書館 CIP 資料核字(2022)第 144489 號

本書出版得到 崑山市顧炎武研究會專項資助
本書係 華東師範大學中國寫本文獻研究中心（籌）階段性成果

**原鈔本顧亭林《日知録》**
[清]顧炎武 著

特約策劃 丁小明 黄曙輝
責任編輯 龐 堅
責任校對 時東明 陳家紅
裝幀設計 盧曉紅
封面題字 白謙慎

出版發行 華東師範大學出版社
社 址 上海市中山北路 3663 號 郵編 200062
網 址 www.ecnupress.com.cn
郵購電話 021-62869887
門市地址 上海市中山北路 3663 號華東師範大學校内先鋒路口
網 店 http://hdsdcbs.tmall.com

印 刷 者 上海長鷹印刷廠
開 本 787×1092 16 開
印 張 131
版 次 2022 年 8 月第 1 版
印 次 2022 年 8 月第 1 次
書 號 ISBN 978-7-5760-2379-4
定 價 1980.00 元（精裝 4 册）

出 版 人 王 焰